Michel Delhalle

Belgique, terre d'aphorismes

Anthologie subjective

Publié avec l'aide
de la Fédération
Wallonie - Bruxelles

Cactus Inébranlable éditions

cactus.inebranlable@gmail.com
http://cactusinebranlableeditions.e-monsite.com/
N° d'éditeur - D/2017/12789/3
ISBN : 978-2-930659-77-0

Maquette, mise en page, infographie :
Styvie Bourgeois

Couverture : Emelyne Duval

Du même auteur

La mer ferme à six heures, Havré, éditions Audace, 2007

La fine moustache du quotidien, La Louvière, éditions du Rotary Club La Louvière, 2008

Prose Café, Jumet, éditions de l'imprimerie Provinciale du Hainaut, 2011

La rechute d'Icare, Amougies, Cactus Inébranlable éditions, 2015

À mon grand-père, René,
qui m'a donné le goût des mots.

N'oublions pas qu'une anthologie, c'est-à-dire un choix, ne saurait être exhaustive.

Robert Sabatier

Histoire de la Poésie française au XXe siècle

Délectez-vous de l'aphorisme, savourez-le : il est tonique !

Michel Delhalle est un gentil monsieur tout rond. Souriant, affable, d'une nervosité qui trahit ses inquiétudes, il ressemble à beaucoup de messieurs habillés comme lui de vêtements juste comme il faut. Il parle de la pluie et du beau temps, de l'épidémie de grippe qui menace, demande des nouvelles de votre maman âgée.

Certes, il est gentil, mais méfiez-vous, c'est un humoriste. Un *aphoristologue* qui manie la formule percutante avec une déconcertante bonhomie et vous décoche ses traits d'humour d'un air candide.

Déguisé en homme ordinaire, Michel Delhalle est en réalité un exceptionnel manieur de ces phrases qui révèlent au quotidien leur part d'incongruité. Il trouve au bon moment le bon mot pour décapiter la bêtise, la médiocrité ou la fatuité. C'est qu'il se nourrit depuis longtemps des plus illustres manieurs d'aphorismes, ces pépites de la pensée qui, avec parcimonie, révèlent ce que les habitudes occultent. De Adler à Wouters, en passant par Bernier, Chavée, Michaux ou Scutenaire, il a promené ses recherches à travers les auteurs les plus imprévus pour nous révéler leurs faces cachées, leurs penchants secrets.

Je le répète, méfiez-vous de ce Michel Delhalle qui manie l'aphorisme avec la dextérité redoutable d'un fleurettiste. Aussi modeste que curieux, il consacre une grande partie de son temps à explorer les écrits de nos auteurs belges et traque la phrase qui fait mouche. Il en a débusqué des inimaginables, des surprenantes, trouvées avec la force tranquille (obsessionnelle?) de ceux qui systématisent les choses consciencieusement et ne lâchent jamais prise.

Michel Delhalle est simple. S'il essaye de vous faire croire qu'il n'est qu'un amateur, un bibliothécaire de province qui cultive sa marotte comme d'autres soignent leurs poules ou entretiennent leur jardin, pour passer le temps, méfiez-vous car c'est un érudit, un incomparable maitre ès aphorismes : il les connait dans tous leurs états, couchés, assis, debout, énergiques, pataphysiques, démocratiques ou monarchiques... Il les a tous examinés avec circonspection pour les trier et nous en offrir une décoction sur un plateau d'argent, mitonnés à sa sauce. Ni trop épicée ni trop fade. Piquante juste comme il faut.

Le matériau rassemblé est riche et multiple, agencé avec intelligence, structuré méthodiquement, presque pédagogiquement, et donne un aperçu détonnant du paysage de l'aphorisme en français de Belgique. Diantre, plus de trois cents auteurs, c'est une illustre moisson ! D'autant que chacun est agrémenté d'une courte biographie, émaillé de notices bibliographiques rigoureusement établies et de huit aphorismes élus. Sans oublier quelques coups de cœur ajoutés pour le plaisir du concepteur... et le nôtre !

Mais continuez de vous méfier car, habile *contrepèteur*, Michel Delhalle est aussi un vrai Louviérois héritier de l'esprit Bul : il vous épie du coin de sa page pour vous rappeler que se prendre au sérieux est une niaiserie.

Par contre, ne vous méfiez pas de son anthologie, elle fait œuvre de salubrité publique et est vivement recommandée pour ses effets préventifs — voire curatifs ! — contre tous les désenchantements.

Christine Béchet.
Novembre 2017

Chapitre 1

En guise de préambule

En écrivant cette anthologie, j'ai voulu tenter de démystifier ce fameux mot « aphorisme », voir ce qu'il représente pour chacun de nous. Pour certains, ce sont de vagues souvenirs scolaires qui se perdent un peu dans la brume du temps et pour d'autres, qui sont d'ailleurs les plus nombreux, c'est un mot bizarre, voire étrange et qui, à la limite, fait même un peu peur.

Il faut remarquer que les maisons d'édition ne s'y trompent pas et l'on voit rarement apparaître le vocable sur la couverture d'un livre en-dessous du nom de l'auteur ou du titre !

On parlera plutôt de *réflexions* (Max Laire), de *décoctions* (Achille Chavée) ou d'*inscriptions* chez Louis Scutenaire. Marcel Mariën appelle ses petites formules des *contre-verbes.* C'est dire si le champ d'horizon est très vaste et que chacun pourra y trouver son compte.

Les auteurs belges d'aphorismes font partie intégrante de ce « pays d'irréguliers » dont parle Marc Quaghebeur dans son livre éponyme[1]. Ce sont des magiciens du langage qui veulent toujours tordre le cou aux mots, aux idées reçues et à toutes les conventions. Ils aiment détourner les phrases célèbres, les citations ou les proverbes pour leur donner un autre sens et leur apporter un peu d'humour ou de poésie.

C'est Paul Nougé qui reprend un banal morceau de phrase (un graffiti avant la lettre) : « Poussez la porte » et y ajoute : « le soleil est à l'intérieur ». Ou encore Jean Dypréau qui déclare : « Je suis l'homme de ma vie ». Un modèle de précision et de concision.

Je rejoins André Stas quand il note que « écrire court ne veut pas dire écrire vite » ! Tout le travail de l'aphoriste est résumé dans cette remarquable réflexion.

---

1 Marc QUAGHEBEUR, Un pays d'irréguliers, Labor, coll. « Archives du Futur », 1990

Notre pays compte un très grand nombre d'auteurs d'aphorismes qui se distinguent dans les domaines les plus variés : poésie, graffiti, publicité… On y rencontre aussi des journalistes, des écrivains, des architectes, des photographes qui illustrent leurs clichés de courtes légendes et beaucoup d'auteurs qui diffusent des formules intéressantes sur leur blog ou sur les réseaux sociaux.

Beaucoup d'entre eux sont issus du monde surréaliste. La Belgique Sauvage[2] fut un important vivier d'auteurs et d'idées et les écrivains d'aujourd'hui poursuivent cette tradition avec ferveur et enthousiasme.

L'aphorisme est à la fois riche et multiple dans sa diversité, il représente la liberté d'esprit dans sa conception la plus noble et permet aux auteurs de s'exprimer sans contrainte littéraire ou philosophique.

Ce qui fait sa force, sa beauté et sa grandeur.

Les aphorismes et la poésie font souvent bon ménage et de nombreux poètes y sont allés de leurs petites phrases lapidaires. Comme le rappelle Michel Voiturier dans son ouvrage consacré aux écrivains du Hainaut occidental[3], en parlant de Guy Trezel, il dit « quelques-uns de ses vers finissent par avoir valeur d'aphorismes ».

Signalons encore que de nombreuses revues réservent une place importante aux aphoristes : *Les Lèvres nues, Phantomas, Temps Mêlés*, ont été des précurseurs et elles ont montré le chemin à suivre à beaucoup d'autres : *Daily-Bul, le Batia moûrt soû, le Spantalole, Court toujours* etc.

Puisse le lecteur trouver autant de plaisir à parcourir cet ouvrage que j'en ai eu à le rédiger.

C'est mon plus cher souhait.

---

2 Les revues *Phantomas, Temps Mêlés* et le *Daily-Bul* furent des émanations de la Belgique Sauvage post-surréaliste.

3 *Sur les traces des écrivains en Hainaut occidental*, Tournai, La Renaissance du Livre, 2001, coll. L'Esprit du Nord

Chapitre 2

Bref historique

Au même titre que les citations, les maximes ou les pensées, les aphorismes font partie d'un genre littéraire qu'on appelle les formes brèves, mais que l'on ne s'y méprenne pas, ce n'est pas un genre mineur, c'est un style littéraire à part entière et les plus grands noms de la littérature lui ont donné ses lettres de noblesse.

Je pense notamment pour la France à Jules Renard et son merveilleux *Journal*, Alphonse Allais, Pierre Dac et, plus près de nous à Coluche et Pierre Desproges. Chez nous, essentiellement issus du monde surréaliste : Henri Michaux, Achille Chavée, Louis Scutenaire, Marcel Mariën, ainsi que André Stas et bien d'autres encore.

Aphorisme vient du grec *aphorismos* qui veut dire définition. On en trouve les premières traces dans l'Antiquité avec Hippocrate qui fut le premier à réunir toutes les grandes connaissances médicales et scientifiques de son époque dans un petit recueil qui connut un grand succès.

Durant la période classique, on parla essentiellement de maximes et de proverbes. Ces derniers se basaient principalement sur l'observation de la nature et des hommes. Les maximes, quant à elles présentaient un aspect plus sévère, plus éducatif, plus moralisateur. Ne disait-on pas à l'époque que la maxime était au cerveau ce que le bâton était au corps ! C'était déjà un vaste programme pour ces temps reculés !

Quand arriveront les Temps Modernes, l'appellation d'aphorismes se vulgarisera.

Remarquons que la frontière est mince entre les termes citations, maximes, aphorismes et c'est bien souvent en fonction de la tournure d'esprit de chacun que l'on mettra ces *petites phrases* dans l'un ou l'autre tiroir de sa mémoire.

L'aphorisme, lui, se définit par une série de mots-clés : brièveté, concision, précision, doivent en effet répondre obligatoirement à l'appel.

Tout l'art de l'auteur va consister à écrire un maximum de choses en utilisant un minimum de mots ; d'où l'importance du vocable employé et sa bonne disposition dans la phrase brève. Quand Chavée écrit : *La santé est un mal nécessaire* ou André Balthazar : *L'ombre n'a pas d'ombre*, on voit qu'ils remplissent parfaitement les conditions précédemment évoquées.

Plusieurs règles doivent idéalement être respectées pour obtenir un aphorisme le plus parfait possible. L'usage de l'impératif donnera un ton faussement sentencieux à l'énoncé : *Va reporter ta joie où tu l'as prise* (Scutenaire) ; ou bien le détournement d'un proverbe ou d'une phrase célèbre : *Tomber de syllabe en carie* (Dejaeger) ; ou encore le redoublement du mot qui apportera une tonalité humoristique à l'énoncé : *On reconnaît les insomniaques à leur niaque* (Stas).

Même s'il utilise parfois la provocation, la dérision ou l'humour noir, tout l'art de l'écriture aphoristique consiste évidemment à ne jamais trop se prendre au sérieux !

Partons maintenant, si vous le voulez bien, à la découverte de ces petites pépites écrites par ces passionnés qui nous apportent bonheur et lucidité.

Chapitre 3

Avertissement(s)

Pour la bonne compréhension de ce qui va suivre, j'ai choisi de classer les auteurs par ordre alphabétique, sans tenir compte de la chronologie. J'ai également mentionné plusieurs revues (Daily-Bul, Les Lèvres nues...) dans la mesure où elles reprennent une série d'aphorismes écrits par un collectif d'auteurs.

On trouvera aussi une recension des principaux livres sur le sujet, rédigés par chaque auteur ; pour certains d'entre eux, (Dejaeger, Savary, Stas), la bibliographie est trop importante et nécessiterait plusieurs pages de références. Je me suis donc limité à quelques ouvrages que je considère comme incontournables.

Sous la rubrique « Coups de cœur et coups de chapeau », je mentionne une série d'auteurs dont la production aphoristique n'est pas suffisante pour rédiger un article complet, mais qui produisent des pépites dignes d'intérêt.

Comme toute anthologie qui se respecte et malgré les recherches approfondies que j'ai effectuées, celle-ci est forcément incomplète. Je présente donc mes excuses aux auteurs non cités.

Qu'ils veuillent bien se faire connaître et je me ferai un plaisir de les répertorier dans un éventuel second volume.

D'autres ont été sollicités par mes soins parce que j'étais convaincu qu'ils avaient complètement leur place dans cet ouvrage. J'ai bien dû considérer le silence dans lequel ils sont demeurés comme la volonté de ne pas apparaître dans cet inventaire des aphoristes belges.

Enfin, plusieurs poètes, écrivains et plasticiens m'ont fait le plaisir et l'honneur de me confier quelques inédits. Un grand merci à eux.

Chapitre 4

Quelques définitions

Le vers solitaire est-il à l'origine de tous les aphorismes ?

Éric Allard

•••

L'aphorisme est un cataplasme de consolation.

Claude Bauwens

•••

Comme un bon aphorisme doit se mordre la queue, le désespoir fait vivre.

Achille Chavée

•••

Il disait que l'intérêt majeur de ses aphorismes était de meubler ses insomnies.

Ghislain Cotton

•••

L'aphorisme est le petit caillou dans la chaussure de la poésie.

Alain Dantinne

•••

Aphorisme : équivalent d'un roman sans toutes ses phrases inutiles.

Théophile de Giraud

•••

Les meilleurs aphorismes sont ceux des Jivaros.

Éric Dejaeger

Et si l'aphorisme n'était que la face cachée de la littérature ?

Jean-Louis Massot

•••

Les aphorismes sont les soubresauts de la pensée. Trop rarement les étincelles de l'esprit.

Franco Menozzi

•••

L'aphorisme n'a jamais guéri un rhume, mais il peut faire éternuer de plaisir.

Jean-Loup Nollomont

•••

Mais où est-ce que je vais trouver d'autres aphorismes ?

Serge Poliart

•••

L'aphorisme c'est un texte qui s'arrête avant qu'il ne soit trop tard.

Jean-Philippe Querton

•••

L'aphorisme est la courtoisie du lieu commun.

Pascal Samain

•••

Les aphorismes sont les enfantillages de la pensée.

André Stas

Choc des aphorismes, bref tintement de vérité.

Pierre Tréfois

• • •

L'aphorisme, c'est le cachet effervescent plongé dans la vérité.

Arnaud Vander

Chapitre 5

De Perlette Adler à Liliane Wouters, panorama des auteurs belges d'aphorismes

Revue Daily Bul 6 - 1958 - Bah © Editions Le Daily-Bul

Perlette Adler (1948)

Illustratrice, comédienne, poétesse
Anime des ateliers d'écriture

Je suis un complément d'objet direct : j'ai dit je t'aime et la terre a bougé.

Construire un pont en espérant un fleuve.

Peindre le plafond ou le supprimer ?

Méfiez-vous : l'épitaphe est peut-être mortelle.

L'esprit n'a ni fesse ni cul.

Un cyclope comme unique témoin oculaire.

Cultiver les aveux spontanés.

Les hauts murs de l'école privent les petites rues de soleil.

Quand les béquilles traversent l'ombre leur chrome irradie davantage.

in *Aphourismes à lier*, voir bibliographie

Pierre Alechinsky (1927)

Peintre et graveur
Expressionniste et surréaliste
Fait partie du groupe Cobra

En avant, y a pas d'avance (Daily-Bul)

Se lever pour coucher une idée sur le papier.

Avoir la peau du calembour trop tendre.

Reconstituer tous les effacements d'une gomme.

Tout jambage a droit aux soins d'une plume consciencieuse.

Disposition : le dernier qui meurt ferme la porte.

Boire l'eau en compagnie d'un buvard.

Même un fantôme lave son drap.

Pilon, prothèse de l'éditeur.

Baluchon et ricochets, Paris, Gallimard, 1994
Remarques marginales, Paris, Gallimard, 1997

En avant, y a pas d'avance, Pierre Alechinsky,
© Editions Le Daily-Bul

Jean-Louis Aisse (1960)

Auteur, compositeur et interprète
Il a enregistré 4 CD et publié 4 recueils

Jésus signe d'une croix.

Il fait un temps à ne pas mettre un parapluie dehors !

Derrière chaque masque, un drame.

Écrire en majuscules, c'est écrire en criant.

La mort s'inscrit en faux.

Ils vécurent peureux et eurent beaucoup de tourments.

L'âge, ça prend du temps.

L'architecture, c'est l'âme des villes.

Lettres et le néant, Bruxelles, Éditions Lamiroy, 2015

Éric Allard (1959)

Poète, enseignant, blogueur (Les belles phrases[4])
Coordinateur de la revue *Remue-Méninges* depuis 1988

À perte de vue, il se retrouvait.

Cet éditeur analphabète publie de beaux livres à colorier.

Les plus belles rencontres entre écrivain et éditeur se terminent sous la couverture d'un livre.

Un auteur d'aphorismes célèbre : « *J'ai peur que mon fils ne tombe dans l'écriture de roman.* »

Tenez-vous à distance des mots quand ils sont dans la bouche d'imbéciles !

À l'enterrement d'un point mort, des virgules dansaient.

On lisait sur les visages comme sur les tombes.

Penchants retors, Châteauroux-les-Alpes, Gros Textes, 2009
Les Corbeaux brûlés, Paris, éditions du Cygne, 2009
Les écrivains nuisent gravement à la littérature, Amougies, Cactus Inébranlable, 2017

4 http://lesbellesphrases.skynetblogs.be/

Michel Antaki (1946)

Écrit des aphorismes sous le pseudonyme d'El Noyau
Fut directeur artistique du Cirque Divers à Liège et
directeur de le revue C4

Si je travaille au noir, c'est pour m'acheter des produits blancs.

On ne dit plus avant-garde, on dit éthique de pointe.

Heureux qui communique a fait un beau voyage.

Ne prenez pas vos messies pour des longs termes.

La paie dans le monde.

Pour un verre de lait on n'épouse pas une vache.

Mon étaubiographie et non mon cocoriculum vitae.

Combien met-on de rêves dans un trou de mémoire ?

Les éjaculations précoces d'El Noyau, Crisnée, Yellow Now, 2014

Hubert Antoine (1971)

Poète et écrivain
Prix Rossel (2016) pour son livre *Danse de la vie brève*
(Éditions Verticales)

Être du côté des flèches perdues.

On vit dans son milieu, rarement dans ses extrêmes.

Ma philosophie ne va pas au-delà de l'étonnement.

Grâce à sa lenteur, un arbre ne montre jamais où il veut aller.

L'horizon me tente mais je suis fidèle à la fragilité.

L'art n'a pas besoin de tuba pour remuer la mer.

Qu'ai-je à craindre ? Je suis le héros de ma conception du monde.

On ne supplie pas un réveille-matin. Question d'éthique !

Le berger des nuages, Amay, L'Arbre à Paroles, 1996
La terre détournée, Bruxelles, Le Cormier, 1999
Vociférations, Bruxelles, Le Cormier, 2000
Exercices d'évasion, Bruxelles, Le Cormier, 2001
Introduction à tout autre chose, Paris, Gallimard (Verticales), 2006

Arno (1949)

Pseudonyme de Arnold, Charles, Ernest Hintjens
Chanteur, musicien et comédien trilingue

L'oignon fait la farce, vive les moules.

Un pessimiste, c'est un optimiste qui a de l'expérience.

Je suis quelqu'un de très tolérant. Je m'accepte moi-même.

Il faut être son propre Jésus.

Ma musique, c'est une larme et un sourire.

Quand les bonbons parlent, le cerveau bande.

Même les plus grands génies, ils bégaient.

La vie, c'est comme une opérette, comme dans ce pays où on est toujours dans La Muette de Portici.

L'amour c'est comme le mal de tête, ça vient et ça passe.

Philippe Cornet, in *Focus Vif*, 21/05/2014

Roger Avau (1945)

Documentaliste à la RTBF
Responsable à Bruxelles de la Documentation du Graffiti
Considère le graffiti comme de la poésie urbaine
Éditeur de la revue L'Aconique

La naissance est une condamnation à mort.

À quel âge êtes-vous né ?

L'horloge folle sonnera toutes les six minutes.

L'infini, c'est qui ?

La ville est morte, le clown pleure.

Le jour se livrera ici.

L'existence est une affaire de patience.

Les être se suivent mais ne se ressemblent pas.

Dans la rue, j'observe essentiellement les virgules et les points

Graffitis d'humour, d'amour et d'humeur, Liège, éditions Dricot, 1996
Publie une rubrique intitulée *Mots clés décroisés* sur le blog entreleslignes.be

Jean Avijl [5]

Pseudonyme de Pierre Puttemans

Vivra bien qui vivra le dernier.

Il est vingt-trois heures dix, docteur Schweitzer.

Cette jeune femme était un volcan éteint.

Il importe d'être à Constantinople.

Les petits ruisseaux font les imbéciles.

Il faut qu'une morte soit couverte ou fermée.

Il renversa du sel sur un trèfle à quatre feuilles.

L'amnésique abolit les heures.

Proverbes et pensées, Bruxelles, Phantomas, n° 23, 1961

5 En 1959, les « éditions Montbliard publient un livre de Pierre Puttemans intitulé *Les carnets de Jean Avijl*

André Balthazar (1934 - 2014)

Poète, écrivain, proche du surréalisme, enseignant
Fonde le Daily- Bul avec Pol Bury

Nos pieds sont bien bas.

Le crottin ne rattrape pas le cheval.

Les vieilles pierres vont en enfer.

Un grain de sable ne fait pas le désert.

L'ombre n'a pas d'ombre.

Pourquoi les morts ne vivraient-ils pas ? Les vivants meurent bien.

Un poisson rouge ne fait pas le printemps.

Ne parlez pas de corde dans la maison d'un violon.

Encyclo-pédiste en roue libre, La Louvière, Archives Daily-Bul & C°, 2015
Les petits pavés, recueil d'aphorismes, La Louvière, Daily-Bul, 2015

Batia Moûrt Soû

Adaptation en wallon du poème *Le Bateau ivre* d'Arthur Rimbaud, d'après Ernest Haucotte
Le Batia est un journal trimestriel lancé par Serge Poliart en 1995. Il se définit comme jovial, incrédule, saugrenu et outrecuidant. Il compte de nombreux collaborateurs qui se distinguent par une grande indépendance d'esprit. Il reprend comme leitmotiv l'aphorisme de Claude Bauwens : « La mérule envahit le radeau de la méduse. »

Si les gardes suisses en avaient, ils auraient des petits Suisses.

Bouquins au kilo : mettez m'en deux livres.

Les chiens de pure race sont des bâtards de loups.

Qui prend un coq pour guide aura un poulailler pour refuge.

Ne confondez pas la journée de la femme et la femme à journée.

Comment sortir la justice du tunnel ? En faisant des galeries.

Biesses brèves et brèves biesses, in *Batia Moûrt Soû*, septembre 1998

La gare CALATRAVA de Mons toujours enfin jamais terminée !!!

Mons fait son cinéma :

QUATRE MILLIONS CINQ CENT MILLE EUROS

RAZZIA SUR LE PLAZA

GEORGES-LOUIS BOUCHEZ : "On ne voit pas assez de western à Mons !"

Les Frères Dardenne demandent l'intervention urgente des Frères Lumière

Ainsi que les rubriques de Noël Godin et de José Fontaine

P 000677

EL BATIA MOURT SOU

LE BATEAU IVRE

La gazette de l'entre Haine et Trouille

"Je est un autre"

Arthur Rimbaud

Parait depuis Avril 1995

Ed. resp.: Serge Poliart - 7070 Ville-sur-Haine, rue du Trieu, 37 - Tél.: 065/971534 - Prix : 3 € - Paraît immédiatement... - N°78 du 06/04/18 au 31/09/18

SOUS LE VOLCAN, ANIMAUX SAUVAGES, GABEGIE, FRAUDE ET DILAPIDATION DE FONDS PUBLICS

Couverture du journal *El batia moûrt soû* n° 78 – avril 2018

Claude Bauwens (1939 - 2019)

Poète et homme des bois

Le cœur plus muet qu'une carpe.

Il neigeote comme il pleuvine.

Sèche comme mille et un coups de trique.

Le cœur du roc sur le squelette de la main.

Tout est écrit, mais dans quel idiome ?

Les oiseaux se partagent le ciel mais point notre peine.

Ils ne se reconnaissent qu'à leurs oripeaux.

La perpétuelle extinction des feux de la chaleur humaine.

La protection de la tache aveugle, Amay, L'Arbre à Paroles, 1992
La dérive des rêves, Saint-Quentin-de-Caplong, Atelier de l'Agneau, 2008
À Claude, Cyrille, Félix, Phénix (auto-édité), réédition par Cactus Inébranlable éditions en 2019.

Julos Beaucarne (1936)

Auteur, compositeur, conteur, poète, comédien, sculpteur, écrivain et chanteur

Nous sommes d'utilité publique.

Je suis le chef coutumier d'une tribu flottante.

Nous avons tous le même âge mais pas en même temps.

Mon langage est le reflet de mes voyages.

Au pays du foie de veau broutent les génisses.

Votre train a des siècles de retard.

La Maison blanche est bâtie sur des cimetières.

Le diamant, c'est du charbon qui a patienté (Loulou).

Répertoire d'étiquettes, livre-objet, Tourinnes LHF, 1973.
Julos écrit pour vous, Duculot, Paris-Louvain-la-Neuve, 1975, nouvelle édition, L'Archipel, Paris, 1996.
Mon terroir c'est les galaxies, Tourinnes LHF, 1980

Béatrice Beck (1914 – 2008)

Écrivaine française d'origine belge
Prix Goncourt en 1952 pour son roman
Léon Morin prêtre

Les gens sont des auberges espagnoles, on y trouve ce qu'on a apporté.

La marionnette a pour âme un homme.

Le soir, je suis pire que moi-même.

Son masque devint un vrai visage.

La vie continue, ce n'est plus la même mais qu'importe.

Quand j'écris, la nuit me tient la main.

Bribes, Paris, Les éditions du chemin de fer, 2016 [6]

6 D'après la recension établie par Frédéric Saenen in *Le Carnet et Les instants*, 3/08/2016

Augustin Beelaert (1949 – 2016)

Musicien, poète écrivant en français et en wallon
Membre des *scriveux du Centre*

Il prend une heure de table pour manger sa tartine.

À cause du changement d'heure, il fait tard tôt.

Aux grands remèdes, les grands moyens.

C'est les mêmes ascenseurs pour monter que pour descendre.

Quand on arrive au vendredi, on sent bien que la fin de la semaine arrive à grands pas.

C'est le plus facile le moins compliqué.

Attention ! sur une fraction de seconde, ça va quelquefois vite.

Si tu vas au paradis, moi je me marie avec la femme de Jésus.

L'art de parler comme sa bouche est « fête », Jumet, Imprimerie Provinciale du Hainaut, 2009
Le comptoir des brèves, La Louvière, Imprimerie Pesesse, 2012

André Beem (1937 - 2006)

Romancier, philosophe, poète

Je deviens pas à pas
le chemin que je suis.

J'avance dans l'instant
sans y laisser d'empreinte.

Le passé te précède
et l'avenir te suit.

Tu ne sortiras pas
d'où tu n'es pas entré.

Ne te retourne pas
crois de me reconnaître.

Les chemins qui te suivent
ne te ressemblent pas.

La traversée d'ici, Bruxelles, Maelström, 2002

Gustave Belle (1933 - 2015)

Avocat, poète, écrivain
Ancien pilote de chasse

Grands dieux absents
je vous hais.

L'oiseau timide cachait
un fil à plomb dans l'aile.

Au pays des lanternes sourdes
les vessies sont reines.

Je suis l'écorché
en quête
du Prix Nobel.

L'écho suit encore
le cours de la Sambre.

La résignation n'est pas un effort musculaire.

Une livre de littérature, sans lieu, sans date

Anita Béni (1950)

Poétesse, née de père italien et de mère flamande
Adepte de l'écriture minimaliste

Madame, sans le savoir, vous pouvez gêner ceux que vous approchez.

Crème antiride pour tortues.

Soutien-gorge pour hommes.

Harpie pour chambre à coucher.

Je suis un chat de gouttière qui vit de ses pensées.

Je mange les déchets de poulet et je n'aime pas le poulet.

Je suis un vagabond de la grand-route.

Bibliothèque Phantomas, 1965

Armand Bernier (1902 - 1969)

Poète, essayiste et critique littéraire
Correcteur d'imprimerie
Chef de Service aux Beaux-Arts

Un ennemi vaut mieux qu'un ami réticent.

Malheur au troupeau lorsque c'est lui qui mène le berger.

Je suis contre tout ce qui divise les hommes.

J'éprouve un sentiment de gêne devant tout ce qui n'est pas parfait.

Je ne suis jamais moins seul que quand je suis solitaire.

On peut pardonner à l'homme ses vices.
On ne peut lui pardonner l'orgueil d'en avoir.

Tant qu'il y aura des oiseaux dans les cages, ils mêleront de l'ombre à ma clarté.

Les seules victoires qui comptent sont celles de l'amour sur la haine.

Pensées et réflexions d'un éphémère, Saint-Denis, La Société des Écrivains, 1965

Eugène Bertrand (1938)

Enseignant, écrivain et animateur culturel
Publie de nombreux textes courts
dans différentes revues

Ne rends pas service, tu te ferais des ennemis.

Ils ont aboli la résistance en tenant le langage des résistants.

Après la visite d'un musée d'art contemporain, parfois, on devrait être indemnisé.

Le beau et le « touchant juste » ne se touchent-ils pas ?

La solitude, c'est quand les autres ne vous sont plus rien.

Réjouis-toi ! tu es mortel.

L'intelligence n'est pas sexuellement transmissible.

La Culture officielle est faite pour des masses de muets qui voient et entendent.

Sur le Vif, in *Le Spantole* n°358, 2010

Julien Bestgen (1935)

Poète, essayiste, journaliste, critique littéraire

Nous souhaitons trop notre réussite et pas assez notre bonheur.

Un homme triste n'est pas un homme.

Les enfants gâtés ne savent pas qu'ils ont été gâtés.

Un pays étranger s'impose d'abord aux yeux.

Celui qui croit au déterminisme ne croit pas en soi.

Beaucoup seraient moins malheureux s'ils étaient plus intelligents.

Tu n'es pas d'accord avec moi ? Moi non plus.

On te juge à ta façon de juger.

Luxembourg terre de proverbes, essai, propos sur la sagesse des nations, Arlon, éditions Fasbender, 1962.
Heures perdues, Virton, éditions La Dryade, 1964.
Incidences et réflexions, Paris, éditions Saint-Germain-des Prés, 1972

Pascal Blondiau (1965)

Poète, fonctionnaire
Participe au recueil photographique *Bords de Monde*
Membre du comité de lecture des éditions Maelström, cheville ouvrière des éditions des Carnets du Dessert de Lune.

On aime parce que l'on connaît.
On ne connaît pas ce que l'on aime.

Les choses que l'on ignore ne nous manquent pas.

Au bord du gouffre, un lapin échappé joue avec son vertige.

L'horizon s'affaire.

« On m'a opéré de l'âme », dit-elle en souriant.

Nous n'écrivons pas pour vivre, nous écrivons pour oublier que nous allons mourir.

Un réverbère dans la brume peut-il résumer une pensée ?

Dès l'instant, Bruxelles, Carnets du Dessert de Lune, 2010

Massimo Bortolini (1961)

Documentaliste de formation
Travaille sur les thématiques liées aux migrations et la multiculturalité

Il faut être avant d'avoir été.

L'avant-garde ouvre la marche.

À la campagne, le silence est dehors.

Son suicide fut barbituresque.

L'injustice, c'est de la semence de furieux.

J'ai de l'aplomb dans l'aile.

La nuit ou l'injuste retour des choses.

Je suis le plus de si affinités.

Je suis pour une augmentation du goût de la vie.

Les femmes intelligentes écartent rapidement les cuistres.

Vos gueules les muettes, Amougies, Cactus Inébranlable éditions, 2013
Coup du matin, coup du lapin, Amougies, Cactus Inébranlable éditions, 2015

Styvie Bourgeois (1977)

Cofondatrice de la maison d'édition Cactus Inébranlable avec son mari Jean-Philippe Querton

La vie me fait l'effet d'une autoroute avec une seule sortie, d'où ma préférence pour les chemins de campagne.

Gagner son pain rassis.

Le temps, c'est de l'argent sale.

Je sèche difficilement.

Je t'aime…
Toi-même !

S'aimer, c'est guérir ensemble.

Une femme avertie et tout le village est au courant.

Pour faire l'amour, la femme à lunettes se déshabille aussi les yeux.

Conversations avec un pénis, (avec des dessins d'Emelyne Duval) Amougies, Cactus Inébranlable éditions, 2017

Jean-Marie Bourgoignie

Écrivain et frère de Paul Bourgoignie (Phantomas)
Participe au mouvement surréaliste belge
Publie aussi sous le pseudonyme de Sixte

L'oiseau perdit une plume
Et naquit la liberté.

Les parallèles qui font l'amour meurent.

Qui trop étreint
Rate son train.

Une carte postale triste se donne à un bic.

Deux boules de Berlin
Ne valent pas un pet de nonne.

L'empirisme et le hasard
Sont les couilles du génie.

Le visible est provisoire.

La gourmandise
Est l'orgasme du palais.

La Contrepense, Paris, Création Ettryum, 1986

Paul Bourgoignie (1915 - 1995)

Architecte, poète, un des « Sept types en or »
Adhère au surréalisme révolutionnaire,
puis au groupe Cobra
Participe aux activités de la revue Phantomas

Même un chien borgne louche sur sa pâtée.

Hasard cousu de fil d'or.

Il ne faut pas perdre le sens de la démesure.

La clef est sous le paillasson du réel.

La nuit efface l'oiseau qui vole.

Le divin m'a requis.

Dans les gares, le temps voyage.

Le sphinx fit taire son sphincter.

Mieux vaut un compromis que deux comprimés.

Morose mots roses, La Louvière, Daily-Bul, Les Poquettes volantes, 1968
La brouette aux longs-courts, Bruxelles, Phantomas, 1979.

Jacques Bourlez (1946 – 1997)

Journaliste, homme de radio et poète, il obtint le Prix Charles Plisnier à titre posthume

Comment s'écrit le verbe « homme » ?

Quel temps fait-il
dans ta vie ?

Seule l'outrance peut !

Faut-il attendre le bruit et la pâleur de l'aube, pour exister ?

Comment taire toutes les déraisons ?

L'essentiel existe dans le détail.

Quand naîtrons-nous ?

Comment inscrire son nom
dans le livre des archives du temps ?

Lambeaux, Bruxelles, Adikia, 1996

Jacques Brel (1929 – 1978)

Chanteur, poète, comédien, cinéaste
Auteur, compositeur et interprète

Je hais la prudence, elle ne nous amène à rien.

Je crois que Dieu, ce sont les hommes et ils ne le savent pas.

J'aime trop l'amour pour beaucoup aimer les femmes.

Il y a deux sortes de temps, il y a le temps qui attend et le temps qui espère.

On n'oublie rien de rien, on s'habitue, c'est tout.

La bêtise, c'est de la paresse.

Je suis un mort encore vivant.

Les hommes prudents sont des infirmes.

L'œuvre intégrale, Paris, Robert Laffont, 1998

Roland Breucker (1945 - 2009)

Illustrateur « officiel » des ouvrages d'André Balthazar
Réalisateur d'affichettes aphoristiques
(Tout doigt partir)

Je n'aime pas les gens normaux ; c'est à cause d'eux que je suis un phénomène.

Prends garde au livre d'un seul chapitre.

Je suis un aigre-doux, de tendance nègre doux.

L'œsophage est le cerveau des gourmands.

La mer est concave et le fleuve convexe.

Je ne suis pas un auteur professionnel, encore moins un professionnel auteur !

Il s'était couché tellement tard, que déjà il se levait.

N'oubliez pas que tout ronfleur vit au dépend de celui qui l'écoute.

Je parle avec les mains, textes et dessins, Paris, Gilbert Salachas éditions, 1985
Cinq Aphorismes gourmands, textes, gravures de Jean-Claude Loubières, Paris, Adè!éo éditions, 2004
Coups de crayon et de harpon, La Louvière, Daily-Bul & C°, 2011

Palone Bultari

Auteur né de l'imagination fertile de Pol Bury et André Balthazar
« … un poète bicéphale, régionaliste, bucolique, alambiqué et vaguement sentimental. »[7]

Palone Bultari, © Editions Le Daily-Bul

L'avenir n'est jamais que le passé des lendemains.

Deux chats se regardent. Dans leurs yeux se reflètent deux autres chats. Et c'est ainsi qu'ils se reproduisent.

Et la caresse meurt aux linges de lavande.

Tu niches ta tendresse dans l'oreille des pierres.

À toutes et à quelques autres / Naissance d'une pensée : la pensée Bul, La Louvière, Archives Daily-Bul & C°, 2009

---

7 Frédérique Martin-Scherrer, *Le Daily-Bul, maison d'artiste(s)*, www.revuetexte-image

Pol Bury (1922 - 2005)

Peintre et sculpteur
Un des fondateurs de l'art cinétique
Fondateur avec André Balthazar des
Éditions du Daily-Bul

Aux fontaines taries, les cruches perdent leur figure.

Où il fallait des heures pour regarder, il ne faut plus que quelques minutes pour voir.

Se prévaloir de la couleur pour se préserver du sujet.

Les voies qui mènent au monochrome sont pénétrables.

Le monochrome bariolé, Paris, L'Échoppe, 1991

Ne méprisez pas l'homme, Pol Bury, © Editions Le Daily-Bul

Roland Busselen (1931)

Poète, légionnaire, conseiller en publicité

Un homme est toujours en mauvaise compagnie.

Ils sont assez médiocres pour arriver à tout.

Le désespoir est la dépression qui n'existe pas.

Si tu voyais mes yeux à l'intérieur.

Ma liberté commence par le choix de mes prisons.

L'ironie est l'expression la plus courte de la raison.

Assez de grandeur pour être petit.

Dé, Défi, Définitif, Bruxelles, Vander, 1989
Égodyssée, Lausanne, L'âge d'homme, 2006

Jacques Calonne (1930)

Artiste, peintre, musicien, compositeur
Membre de Cobra
Connu également sous le nom du Ténor mondain
En 1944, il invente la bombe à caca qu'il utilise contre le bourgmestre rexiste de Ghlin[8]

Dans les lézardes des murs il y a du silence pour leurs oreilles.

Le livre de la colère a des pages ouvertes à chaque mot.

Manger de la mer avec des doigts salés.

L'épinoche est un poisson pour enfants.

Il faut absolument s'amuser sérieusement.

Pour chanter faux exprès, il faut être musicien.

Les vaches maigres mangent toujours la même chose.

Il faut souffrir pour être belge.

Un amour partagé est divisé en deux.

On ne me croit plus, in *revue Cobra* n° 7, 1950
Noctuelles, Lausanne, L'âge d'homme, 2015

8 http://jacalonne.be/biographie/

Léo Campion (1905 - 1992)

Né d'un père belge et d'une mère française
Objecteur de conscience, anarchiste et franc-maçon
Chansonnier, auteur, humoriste et caricaturiste

Il est rarissime qu'un morpion soit albinos.

Une femme légère ne se mesure pas au poids.

L'appétit vient en ne mangeant pas.

La chair est faible. C'est ce qui fait sa force.

Je suis un spermatozoïde qui a réussi.

Il y a deux sortes de gens : les uns et les autres.

Il ne faut prendre l'Helvétie pour des lanternes.

L'amour est une vieille histoire toujours toute neuve.

Lexique pour rire, Paris, Le cherche-midi, 1982 (chez Marabout en 1987)
Libres pensées d'un penseur libre, Paris, Éditions Bagaudes, 1990.

Xavier Canonne (1960)

Docteur en histoire de l'art et archéologie
Directeur du musée de la photographie de la Fédération Wallonie-Bruxelles à Charleroi
Spécialiste du surréalisme en Belgique et auteur de nombreux ouvrages

On finit toujours par ressembler au veston que l'on porte.

Oublier peu à peu sa date de naissance.

Courir plusieurs lèvres à la fois.

Gober un œuf de dinosaure.

Je suis pour la lutte des femmes entre elles.

Je me suis empressé d'oublier tout ce que je ne savais pas.

Le centre du monde est partout.

Qui veut regarder loin ménage ses montures.

Yasmine Bazar, avant-propos d'André Stas, Morlanwelz, Les Marées de la Nuit, 1999

Paul Carvel (1964)

Écrivain et éditeur belge

Le fanatisme naît là où un génie l'entoure de beaucoup d'idiots.

Le langage des signes est utile pour les sourds mais vital pour les Italiens.

L'optimiste est un moraliste malgré lui.

Moins on a de vrais problèmes, moins on en a de faux.

L'infusion préférée des politiciens : la « verve-haine ».

Prends du temps avant qu'il ne te prenne.

Comme il est difficile d'être intransigeant sans être con.

Jets d'encre / Mots de tête / Sel d'esprit, éditions Laetoli, 2000, 2002, 2004

Catarrhe

« La voix des gens qui ne manquent pas d'air » ou encore « La revue qui tousse les gens à rire ». Ces deux slogans illustrent bien l'esprit du bimestriel et son côté gentiment décalé. Fondée par le plasticien et auteur d'aphorismes Jean-Paul Verstraeten, on découvre au fil de ses numéros de nombreux poètes et des auteurs de sentences surréalistes et joviales nommées aphorismes. Y contribuent de distingués 'pataphysiciens comme André Stas, Thierry Lechat, Marc Sanders, le Dr Lichic, mais aussi Paul Guiot, Éric Dejaeger, Mickomix etc. La revue cesse de paraître en mars 2017 après 28 numéros.

Celui qui rêve reste lucide.

Thierry Lechat[9]

Pauvre mais attiré par le
LUXE
Le poète avait opté pour
Une richesse intérieure
CUIR

Paul Guiot[10]

Il n'y a qu'en pissant contre le vent qu'on peut mouiller sa chemise.

Paul Walkinson[11]

9 In *catharre* n°28, mars 2017
10 In *catharre* n°21, juin 2016
11 Pseudonyme parfois utilisé par Jean-Paul Verstraeten

Daniel J. Cauchie (1927 - 2010)

Poète, autodidacte, cadre de société, créateur d'entreprises

La poésie est le service secret de la beauté.

La naissance est un éveil et un début de chute.

La vie est une ellipse.

Le sommeil de l'homme est une sieste de Dieu.

Le malheur est un oiseau migrateur qui n'obéit qu'au soleil.

Le sourire est un battement de cœur qui remonte jusqu'aux yeux.

Le malheur est un visiteur sans bagage.

La solitude est l'automne du cœur.

Feu d'aphorismes, Paris, Publibook, 2011

Joaquim Cauqueraumont (1981)

Lecteur compulsif, passeur de mots et de phrases,
blogueur[12], créateur de livres-objets
Auteur d'aphorismes

J'aurais voulu écrire une œuvre phare, je n'ai pas trouvé l'île pour la construire.

J'ai envie d'être le chorégraphe de toutes ces jupes légères.

J'ai des nuages d'insolence aux bords des lèvres.

Seuls les fous et les poètes divaguent, les autres restent amarrés.

La cambrure de ton dos est une piste à caresses.

Quand les mots naviguent, les écluses deviennent des marque-pages.

Sourire à la vie et découvrir toutes ses caries.

À force de répéter « Chienne de vie », il se mit à aboyer.

Derrière l'envers du décor, Amougies, Cactus Inébranlable, 2019

---

12 http://desmotsenpassage

Daniel Charneux (1955)

Romaniste, écrivain, poète, nouvelliste
Écrit aussi des haïkus

Qu'est-ce donc que nos vies, sinon quelques ricochets à la surface de l'eau ?

Si la souffrance naît du désir, pour vaincre la souffrance, il suffit de vaincre le désir.

Vous avez de la chance de prendre forme humaine. Ne perdez pas de temps.

La pire solitude, c'est d'avoir conscience de sa solitude.

On ne va pas au ciel dans un lit de plumes, ce n'est pas la voie.

Ne révèle jamais que tu es juif, mais n'oublie pas que tu es juif.

Rêve que tu rêves, ça vaut mieux que de croire que tu vis.

Recyclages, Bruxelles, Éditions Luc Pire, 2001
More, Essai, Bruxelles, Éditions M.E.O, 2015
Comme un roman fleuve, Hannut, Luce Wilquin, 2016

Achille Chavée (1906 - 1969)

Avocat et poète surréaliste
Fonde le groupe des Surréalistes en Hainaut ainsi que
Rupture et Haute nuit.

Je ne plaisante pas avec l'idiot du village.

Les morts n'ont plus de cartes de visite.

Je suis chaste comme un éclair.

La grande vérité lave son linge sale dans l'océan.

Un vieux sage est une fausse barbe.

Parfois, le spectacle est dans la fumée.

Il n'est point d'abus au domaine du rêve.

On n'est jamais que le complice de soi-même.

Laetare 59, La Louvière, Daily-Bul, 1959
Décoctions, La Louvière, Daily-Bul, 1963
Décoctions II, La Louvière, Daily-Bul, 1974
Petit traité d'agnosticisme, La Louvière, Daily-Bul, 1979

Achille Chavée
(Inédits)

Un collectif du Batia moûrt soû, avec Michel Denefve et Serge Poliart notamment, a écrit un pastiche du recueil d'aphorismes de Chavée Laetare 59

Je suis un banc public dans un confessionnal.

Je suis la chambre à air d'une roue en bois.

Il fréquentait de grosses légumes tenant un radis entre ses orteils.

Je suis un somnambule perdu dans une salle de vente publique.

Je suis le timbre-poste collé sur une feuille de vigne.

L'amour sèche plus vite que les draps.

Il m'arrive parfois d'avoir soif après avoir revêtu l'habit de scaphandrier.

Je suis un vieil Indien qui n'aura jamais la peau rouge.

Laetare 99, (Inédits), Mons, Éditions du Batia moûrt soû, 1999

Chavée / Balthazar / Bury

Correspondances inédites imaginées par plusieurs membres de la revue El Batia moûrt soû en hommage à ces trois grands écrivains du Daily-Bul

Je suis un soulier solitaire égaré parmi les va-nu-pieds.

Les coins de sa bouche m'en bouchent un coin.

Tout buveur d'eau est un fasciste.

J'aime les yeux frais et les œufs brouillés.

La flemme est l'avenir de l'homme.

Correspondances inédites, Mons, Éditions du Batia moûrt soû, sans date.

Francis Chenot (1942)

Journaliste, poète,
Cofondateur de la Maison de la Poésie d'Amay
Rédacteur en chef du bimestriel « Une autre chanson »
Directeur de la revue « L'arbre à Paroles »

L'euphorisme est un aphorisme alcoolisé.

Il y a aussi des débiles sans manteaux.

Que de tombes pour une hécatombe !

Un moment nu est un monument.

Sur l'abstinence, prônez l'abstention.

Le vrai gentilhomme sait gaspiller son infortune.

Joindre le « fut-il » à l'agréable.

Les heures, les jours et les années passent, le temps nous dépasse et l'on trépasse.

Déliquescents délits, Amay, L'Arbre à Paroles, 2011

Serge Claeys (1964)

Philosophe
Il fait partie des poètes enragés

Les murs s'en vont parfois
Pour respecter les perspectives.

C'est midi à mon âme d'imprimeur.

Comme ma paume est douce sur la peau du monde.

Nous voyons des jours de règne où gîte l'infini.

L'Or persiste à nos rêves.

N'advienne que pourra.

Petite apocalypse, Amay, L'Arbre à Paroles, 1999

Étienne Colas (1958)

Plasticien, membre des artistes de Thudinie.
Considère les aphorismes comme des œuvres d'art.

Le département maroquinerie fait peau neuve.

On le dit fou.
Il dément.

Les crayons sont taillables à merci.

Les chiens d'arrêt sont courant à la chasse.

Pour l'eau de Lourdes, on se sert de bouteilles vierges.

La prothèse de bras était de deuxième main.

Les ventes de vin sont dans le rouge.

Les fuseaux horaires débobinent le fil du temps.

(Inédits)

Paul Colinet (1898 - 1957)

Surréaliste proche de Magritte et Scutenaire[13]
Publie plusieurs poèmes mis en musique
Dirige l'hebdomadaire « Le Ciel bleu »

Le blanc est noir dans la cible de l'hirondelle.

Il pleuvine du sable gris dans les ramages de l'ennui.

Le montreur de l'aurore recompose son menuet.

Le coq va dormir tôt. Il va dormir avec les poules.

À Rome, le bruit court… J'ai couru après, mais je n'ai pas pu le rattraper.

À petite vitesse de bouffarde.

Je suis venu au monde un 29 février. Je n'ai donc mes ans que tous les 4 ans.

Le buffle est un animal presque intact.

Œuvres, Bruxelles, Éditions Lebeer-Hossman, 1989

13 Scutenaire écrira : « D'une sûreté incomparable, l'œuvre de Colinet, par son humour, abolit les plus étonnantes réussites du genre. Si nous sommes joyeux de son ludisme, nous savons que son nom est virulence tendre. » in *Plein Chant*, pages 153-154 ; cité par Raoul Vaneigem dans *Louis Scutenaire*, Paris, Seghers, Collection Poètes d'aujourd'hui, 1991

Yves Colley (1968)

Poète, études de philologie et de psychologie,
enseignant, Prix Lackem de l'Académie royale
de langue et littérature françaises de Belgique en 1994

Entre dire et où les mots ricochent
L'oubli a été ma forteresse.

Continuité, tu me manques !

Les signes retombent sur qui meurt.

L'oubli était ma nourriture
et j'étais l'écuelle.

Dans ton nom, je remets mon oubli.

Innombrables sont les mains
refermées sur la graine.

Avant, on chantait dos à dos
et l'espace était à nous.

Liant, Paris, éditions d'Argol, 2010

Gaston Compère (1924 - 2008)

Poète, compositeur, dramaturge, romancier et nouvelliste

Les religions digèrent tout sauf le sacré.

Le malheur est vraiment un gros propriétaire.

Pour que Dieu existe, il nous faut l'inventer.

Il faut repasser son linge propre en famille.

Je préfère savoir les hommes méchants que médiocres.

Tous les prénommés Arthur ne sont pas des Rimbaud.

Les grands hommes sont des kystes dans les testicules de l'Histoire.

Un monologue de sourd.

Journal du Quatuor (mai-octobre 1993), Bruxelles, Les Éperonniers, 1994

Pierre Coran (1934)

Pseudonyme d'Eugène Delaisse – Poète et romancier –
Instituteur, directeur d'école et professeur d'histoire
de la littérature

Au panthéon de la technique
le naturel se fait occire.

Un triangle équilatéral
ne sait sur quel pied danser.

Je, tu, île
Nous, vous, ailes.

Magique est le jour
Qui naît de la nuit.

L'automne, au bois,
L'arbre se croit
Caméléon.

Quand le printemps se déboutonne,
Il ne sait pas que c'est l'été.

Je rêve tout ce que j'imagine.
J'imagine tout ce que je rêve.
Je rimagine.

Inimaginaire, Bruxelles, Labor, 2000

Ghislain Cotton (1937)

Écrivain, journaliste et critique littéraire
Fondateur en 1981 de la revue bibliographique
« Le Journal des Livres »
Chroniqueur pour « Le Carnet les Instants »

Il disait le Panthéon est la Rolls-Royce des cimetières.

Il disait que le mensonge définitif nuit à l'orgueil.

Il disait que les églises se sont vidées dans les stades.

Il disait que les tigres dévorent aussi les végétariens.

Il disait que tout superlatif est une escroquerie.

Il disait que les baisers se sont dévalués en bisous.

Il disait que la lenteur est l'aristocratie du geste.

Il disait que le virtuel tue le merveilleux.

Ainsi râlait Zara Fouchtra (Ramasse-miettes), Esneux, Murmure des Soirs, 2016

Mathieu Coutisse (1942)

Poète, diplomate

C'était un royaume de borgnes mais les aveugles y ont prévalu.

Concernant la réalité, nous voici rassurés ; on peut désormais l'augmenter.

Pour donner plus de contour à la liberté de l'individu, ils ont multiplié les actes sans conséquences.

Sans les champions suffisamment dopés, la publicité n'aurait pas pu gagner.

Longtemps discriminées, les coulisses font maintenant partie intégrante du spectacle.

Rallye de Porsche : procession qui ne fait que passer, les locaux n'étant pas concernés.

Heureusement que la mort est incertaine, (extraits), in *Le Spantole,* n° 373, 2013

(Le) CREAHM[14]

Créé en 1979, le CREAHM est une association dont l'objectif est de révéler et déployer les formes d'art (y compris l'écriture) produites par des personnes handicapées mentales.
Les brèves du CREAHM sont des petites perles du quotidien

J'ai été en vacances en Nathalie.

J'ai mal à la tête à cause de la planète.

À quel âge est-il né ?

Jean Pape II est mort.

En Provence, j'ai piqué une guêpe.

L'amour… c'est mon projet.

Tu viendras à ma mort ?

Ce soir, barbecouille !

Je peux te demander ton affection 2 minutes, Liège, CREAHM Wallonie asbl, 2009
Ah non ! Le jaune, c'est… ridicule, Liège, CREAHM Wallonie asbl, 2016

14 Centre de CREAtivite pour personnes Handicapées Mentales

(Le) Daily-Bul

Le Daily-Bul est à la fois une pensée, une revue et une maison d'édition créée par André Balthazar et Pol Bury en 1957 dans la mouvance de Cobra et du surréalisme belge. Selon Marcel Havrenne, la pensée Bul ne serait pas souvent ce que l'on croit, elle serait même, le cas échéant, tout le contraire. Outre ses fondateurs, elle compte dans ses rangs des gens aussi fréquentables que Chavée, Alechinsky, Dotremont, Folon, etc. qui y ont publié des textes.
Une série d'aphorismes, sans doute écrits à quatre mains, ont paru dans les différents numéros de la revue.

Il est temps de déculotter la vérité.

Les frites ne se mangent pas entre elles.

Un gendarme est toujours à deux.

Soyez Belge envers les animaux.

Pas d'élite, pas d'histoire(s).

Il n'est richesse que de pot à café.

Chacun mouche son nez.

Si ça se nettoie c'est donc ton frère.

Revues n° 4, 9 et 10

Jean-Luc Dalcq (1958)

Inventeur du conceptualisme subjectif
Rédacteur publicitaire
Écrit des nouvelles, des romans, des chansons

Noël au balcon, pâtes au jambon.

L'impotent, c'est l'arthrose.

À peine chômeur et désappointé.

Les petits ruts font les grandes débauches.

Il ne faut pas être un cycliste pyromane pour brûler les étapes.

On se consume à consommer.

Si l'homme était parfait, Jésus serait mort pour rien.

Réformez le travail, pensionnez-le !

Les texticules du diable, Amougies, Cactus Inébranlable éditions, 2015
Nid d'yeux Nichons, Amougies, Cactus Inébranlable, 2018

Alain Dantinne (1951)

Poète et romancier
Étudie les lettres puis la philosophie qu'il enseigne à l'Université de Liège

Ce que nous aimons dans l'autre, c'est le rappel de notre échec.

Ne jamais scier la branche à laquelle vous allez vous pendre.

Deux types de personnes : les emmerdeurs et moi.

Sa pensée est tellement profonde qu'elle ne remonte jamais à la surface.

Il me faut vivre au présent.
Je commence demain.

Vieillir, c'est passer de peace & love à pisse-vinaigre.

Il n'est pas nécessaire de penser pour nourrir ses arrière-pensées.

Un cancer de l'anus, Bruxelles, éditions Poussin général, 2001
Petit catéchisme à l'usage des désenchantés, Bordeaux, Finitude, 2009
Propos éphémères, Charleville-Mézières, Arch'Libris éditions, 2015
Petit manuel de survie en zone tempérée, Montélimar, Voix d'encre, 2017

Jacques Dapoz (1952)

Écrivain et poète
Enseignant, photographe, animateur socio-culturel
Se définit comme un « cultivateur d'idées sauvages »

Je répare et habille vos poupées anciennes.

Bien des gens ont des vies en forme de cruche.

Je déplace ma poussière
et le monde change.

Un instant nous regarde.

Ouvrir une brèche
dans ce que nous croyons être
nos dernières limites.

Les hommes et les femmes
poursuivent leur traversée.

Parfois, je passe dix années
à distiller deux mots

Le cri du fou et l'or du silence, Écaussinnes, Jacques Dapoz éditeur, 1990

Louis Daubier (1924 - 2000)

Poète, philosophe, professeur
Enseignant au Conservatoire de musique de Bruxelles
Président de l'Association des professeurs de français
et des Midis de la Poésie

La poésie est une parole d'argent dont seul le silence est d'or.

La neige dormait bleue dans la nuit.

Un poème qui ne tremble pas ressemble à un beau jour sans brume.

Au temps qu'il ne sera plus temps.

Les femmes citadelles sont celles qui résistent le plus à l'envahisseur.

Ces absents qu'on aime ont toujours raison.

Est-il une autre terre où tout n'est qu'une fois.

Service du Livre Luxembourgeois, Jacques Lefèvre

Daniel De Bruycker (1953)

Écrivain, poète, critique, traducteur, animateur d'ateliers d'écriture, lauréat du Prix Littéraire 2017 du Parlement de la Fédération Wallonie-Bruxelles

Il expira comme on lâche du lest.

Écrire petit pour être lu de près.

Il faut qu'une porte soit ouverte ou forcée.

Le silence est un verbe intransitif.

La mailloche ne saura jamais la profondeur du tambour.

Toute l'année il laboure et il sème, le fossoyeur.

Tout fait marine au bon mutin.

Première nuit, état second.

Écoute, mais à voix basse.

Couper ici, Châtelineau, Le Taillis Pré, 2005

Ernest Degrange (1900 - 1974)

Homme de Lettres, journaliste et publicitaire
Emprunte parfois le pseudonyme de Anne Dangrège
Publie des recueils de contes, de nouvelles et de maximes

Le banal est la fosse commune des Beaux-Arts.

À la mer, les vaches paissent dans le sable.

Espèces sonnantes, femmes trébuchantes.

La polygamie rend inexcusable l'infidélité.

N'enviez pas les heureux, ils sont toujours tristes.

Les enfants uniques, ces petits veufs…

La haine est l'hygiène de l'hyène.

J'appelle honnête homme celui qui rend les livres qu'on lui prête.

222 *mini-maximes*, Bruxelles, Éditions de la Cage de Verre, 1962

Éric Dejaeger (1958)

Poète, écrivain, romancier, nouvelliste, blogueur
Professeur (à la retraite) de langues et d'économie
Fondateur / éditeur de la revue « Microbe »
Grand amateur de Chimay bleue

Je suis pressé de perdre mon temps.

Je finirai peut-être âgé, mais certainement pas vieux.

Avant de naître, réfléchis…

Croire que l'on est quelqu'un, c'est refuser d'être soi.

Les racistes voient-ils tout en noir ?

L'infinitésimal regarde l'homme de haut.

Je bois pour oublier que je n'ai pas de mémoire.

Les voyages déforment la vieillesse.

Les pensées d'un ortieculteur, Saint-Quentin de Capelay, Les Ateliers du Tayrac, 2006
Grand cru bien coté, Amougies, Cactus Inébranlable éditions, 2014
Les coureurs avaient de ses bouilles, Cactus Inébranlable éditions, 2018

Philippe Delaby (1914 - 1991)

Poète
Secrétaire général de l'Association des Écrivains Belges (AEB)

Ce n'est rien de mourir, Monsieur, c'est de survivre.

Un paradis pensif glisse entre sable et sève.

Et cet enfant qui dort, c'est le printemps qui rêve.

Narcisse, le premier des droits d'auteur.

Plus il y a des gens qui écrivent, moins il y a d'écrivains.

Sur le parvis d'espoir la pâquerette croît.

Un écriteau qui bringuebale : « Paradis terrestre à louer ».

Litanies des jours ouvrables, Bruxelles, Éditions des Cahiers de la Chaumière, 1959

Jean Delahaut

Médecin et poète
Membre du Club Richelieu[15]

Ciel nuageux...

On peut mourir de soif quand on a soif de bonheur.

Être vieux, c'est jouer non pas pour gagner mais pour ne pas perdre.

La chaire de vérité s'oppose parfois à la vérité de la chair.

Une journée bien remplie ne compense pas le vide de la nuit.

... avec de belles éclaircies.

À chaque jour suffit son bonheur.

Profession : garde du cœur.

À défaut de récolter l'amour, on peut cultiver l'amitié.

Totale confiance : parler à corps ouverts.

À cœur ouvert, Namur, les éditions du Confluent, 2006

15 Le Richelieu International Europe a notamment pour mission de promouvoir la langue française à l'échelle locale et internationale.

Jo Delahaut (1911 - 1992)

Peintre
Figure emblématique de l'abstraction géométrique en Belgique
Coauteur du Manifeste spatialiste avec Pol Bury (1954)

Toutes les critiques sont châtrantes.

Puisque tu aimes, tout est bien.

La peinture s'apprend.
Elle ne s'enseigne pas.

Le rêve : être libre d'être libre.

La laideur comme la sottise a ses poncifs.

La passion n'exclut pas la rigueur.

Le fruit défendu a toujours meilleur goût.

Au-dessus des nuages, le ciel est bleu.

Miettes d'écriture, Bruxelles, La Pierre d'Alun, 1987

Françoise Delcarte (1936 – 1995)

Poétesse
Son œuvre est marquée par les avancées de la psychanalyse, particulièrement lacanienne

Tout un fleuve s'étire.
Des berges s'improvisent.

Et me voici vacante.

Aujourd'hui a moisi.

Je joue à la marelle le temps qu'il fait demain.

Je succède à mes heures.

Midi se met à l'ombre.

Tous mes jours sont en vie.

J'ai demain dans la peau.

Infinitif, suivi de *Sables,* Châtelineau, Le Taillis Pré, collection Ha !, 2001

Roland Delcol (1942)

Artiste peintre et dessinateur
Figure de proue de l'hyperréalisme
et du postmodernisme
Scutenaire le considérait comme
le « Sigmund Freud de la peinture »

C'est emmerdant de parler et de ne pas se faire comprendre.

Elle se noya et le soleil aussi.

Le noir assombrit la mort.

J'ai perdu la mémoire je ne sais où.

La laideur n'a pas de frontière.

Ne vous excusez jamais de rêver.

Les hommes seront heureux quand leur dieu sera bon.

De deux solutions, choisis la troisième.

Aphorismes et périls, Paris, Éditions L'envers sauvage du réel, 1988

Ernest Delève (1907 - 1969)

Poète, avocat, essayiste

La sève élève l'avenir
à la hauteur des plus beaux rêves.

Élire les dieux du jour.

La rosée se boit dans le monde entier.

Au jeu de l'ombre et du soleil
ce sont toujours nos yeux qui gagnent.

Un jour sans alcool et sans fumée.

L'amour te fera parler.

Au miroir de la pluie se dévêt le beau temps.

Blasphémer en vaincu
mais descendre en vainqueur.

Poésies, Châtelineau, Le Taillis Pré, 2002

Michel Delhalle (1947)

L'auteur de ce livre [16] collectionne les aphorismes depuis de nombreuses années, il en écrit aussi. Conférencier, écrivain, ancien disquaire, bibliothécaire, animateur d'émissions télévisées…

Le dernier des Mohicans n'était pas le premier venu.

Qui a bu aboiera.

Du passé, faisons table d'hôtes.

Quand je fusille quelqu'un du regard, j'utilise des balles à blanc.

Banalité, j'aurai ton scalp.

Le fleuve et la rivière ont un enfant du même lit.

Je porte le deuil de mes indignations.

Les mots s'envolent les écrits pestent.

Le soir n'étreint que des ombres.

Bibliographie en début d'ouvrage

---

16 … qui par modestie ne voulait être présent dans cette anthologie, mais l'éditeur a insisté.

Jean-Pierre Denefve (1953)

Figure emblématique du Batia moûrt soû
Fondateur (avec Serge Poliart) et animateur de
la galerie KOMA à Mons
Collectionne les images pieuses

Moi, quand j'ouvre ma galerie, je me méfie de tout le monde.

Un nègre, s'il est jaune, est perdu.

Diluer le glaçon de l'usure dans le verre de la fraternité.

Remettre de l'amour dans le sacré.

Ne pas jeter l'éponge.

Toucher le fond et s'y encrer.

Rester liquide au bord de la sécheresse de la politique, du numérique et de l'esthétique.

Pour dire aux autres d'aller voir si nous y sommes.

In *Batia moûrt soû*, n° 65 du 2 avril 2011

Anne-Marie Derèse (1938)

Poétesse

Dis-moi, que ferions-nous
de l'immortalité ?

Nos mâchoires claquent
sur le vide.

J'aime ce moment entre chien et loup
quand les morts bougent un peu dans
leur sommeil.

La torpeur sent venir le silence.

De temps en temps
j'ai besoin de superflu.

La peur du péché allait si bien avec le plaisir.

Il y a en toute femme
la douleur à venir.

Le miel noir, Amay, L'arbre à Paroles, 1999

Robert Detheux (1932 – 2010)

Peintre, enseigne l'expression graphique
à l'Académie de Tournai

Quel temps faisait-il le jour du péché originel ? Superbe !

Si l'art est une vocation beaucoup n'ont entendu que des voix.

Voisins absents, voisins charmants.

Les imbéciles sont notre châtiment ici-bas.

Mon étoile n'a qu'une seule branche, mais je suis un oiseau.

Printemps : promoteur de beaux jours.

L'homme inventa l'escalier pour oublier ses ailes perdues.

La pantoufle est le cercueil des flammes mortes.

… à l'aube des mouches, Bruxelles, Éditions Maison Cauchie, 1997

Patrick Devaux (1953)

Poète, prix européen de la création littéraire en 1990,
participe à l'aventure des éditions du G.R.I.L.[17]
avec son fondateur, Paul Van Melle

Peut-être le soupir n'est-il que le chant final d'une étoile.

La signature un jour rouille de sa propre encre.

Peut-être faut-il parfois joindre l'ange à la parole.

Devenir les travaux forcés d'un ange à perpétuité.

Les galaxies font du bruit mais comme personne n'écoute elles ne font que du silence.

Le poème est un cerisier pour les étourneaux de la mémoire.

Si le sable lit mon poème il me suffit comme lecteur.

in *Aphourismes à lier* (voir bibliographie)

17 Groupe de Réflexions et d'Information Littéraire (1985-1998)

Raymond Devos (1922 – 2006)

Humoriste, musicien et acteur
Spécialiste du non-sens et de la dérision

Dès que le silence se fait, les gens le meublent.

Se coucher tard nuit.

Du moment qu'on rit des choses, elles ne sont plus dangereuses.

J'adore être pris en flagrant délire.

Quand les verts voient rouge, ils votent blanc.

Il faut que Dieu soit Dieu pour se prendre pour Dieu.

Je regarde la carte des vins pour éviter les bouchons.

La grippe, ça dure huit jours si on la soigne et une semaine si on ne fait rien.

Matière à rire (L'intégrale), Paris, Plon, 1991

Paul Dewalhens (1902 - 1991)

Archiviste de la ville de Tirlemont
Poète belge d'expression française
« On retiendra (...) ses poèmes en prose, désopilants, gras, et d'une merveilleuse imagination verbale. On dirait un copinage ébloui de Charles de Coster et de Raymond Queneau. »[18]

Avant de te laver les mains, assure-toi que le savon est propre.

Les poules ne laissent pas au coq le temps d'être cocu.

J'aurais voulu assister au mot à mot de Moïse et du dernier des Mohicans.

Les saints se nourrissent de pain rassis et de poires blettes.

Tu colles à ma peau d'une façon furibonde.

Un rang d'oignons ramollis par des larmes de crocodile.

Si tu ne sais pas quoi faire de tes mains, laisse-les au vestiaire.

Bruxelles, Phantomas, 146-151

18 *La poésie francophone de Belgique (1885-1900)*, Bruxelles, Editions Traces, 1987

Jean-Jacques Didier (1955)

Docteur en Lettres, grammairien de haut vol, professeur, écrivain aux multiples facettes : critique, poète, nouvelliste, essayiste, romancier…

Dans ma chambre, je suis le moins évident des objets.

La mort des rois, on en fait toute une montagne. Regardez Albert Ier

Je m'oppose à l'interdiction de tolérer l'empêchement de permettre de prohiber l'embargo pur et simple sur le tabac.

À la violence, il faut répondre par une autre violence, mais plus douce.

in *Aphourismes à lier* (voir bibliographie)

André Doms (1932)

Professeur, poète, essayiste, traducteur, voyageur, adaptateur
Rédacteur du Journal des Poètes de 1976 à 1991

L'ombre n'a lieu qu'au soleil.

La terre à peine épongée.

Avoir manteau en mythe de sage.

Être sur le sable de son temps.

La pluie se brise à l'angle du visage.

Ne pas mettre les pieds à Salzbourg par respect pour Mozart.

Dire tant pis pour temps pis.

Où en suis-je avec l'âme ?

Voyeur, voyageur, Châtelineau, La Taillis Pré, 2012

Christian Dotremont (1922 – 1979)

Peintre et poète, cofondateur du groupe Cobra
Célèbre pour ses logogrammes, inventeur d'alphabets
Se définit comme le peintre de l'écriture

Ce que je fais, en somme, c'est exagérer la naturelle beauté de l'écriture.

C'est que non seulement les mots s'entendent, mais aussi qu'ils se voient.

Car la vie, soit-elle exposée sans artifice, n'est pas sans code.

La vraie poésie est celle où l'écriture a son mot à dire.

Si Napoléon s'était appelé Rimbaud…

Un écrivain est quelqu'un qui écrit.
Un journaliste est quelqu'un qui décrit.

La musique est le silence des pauvres.

Christian Dotremont : connaissez-vous les mots ? in *L'Estaminet*[19] n° 5, 1995

19 Revue éphémère qui paraît selon les besoins.

Christian Dotremont, *Lorsque je rentre du village*, 1977,
Galerie Anne van Horenbeeck, Bruxelles

Jean-Luc Dubart (1958)

Licencié en Philosophie et Sciences religieuses
Poète, enseignant, directeur d'école supérieure, essayiste, animateur culturel, conteur, auteur dramatique

L'art est optimiste contre tout désespoir.

Ils mangeraient le pain jusque dans leurs silences.

Vivre chaste, c'est vivre unifié.

Je ne veux pas comprendre l'être, mais seulement le surprendre.

Nous ne comprenons pas la vie, c'est elle qui nous comprend.

La vérité se dévoilerait-elle par bribes aussitôt recouvertes ?

L'art, le prix qu'un homme doit payer dans sa lutte avec les dieux absents.

La substance du poème, c'est la chair. Le poème est une parcelle de conscience organisée.

Service du Livre Luxembourgeois / Louis Sarot

Louis Dubrau (1904 - 1997)

Pseudonyme de Louise Janson
Membre de l'Académie royale de langue et littérature françaises de Belgique
Romancière, poète, nouvelliste

Le corps vit de présent, l'esprit d'avenir, le cœur du passé.

La chair est plus reconnaissante que le cœur.

Ce qu'on appelle bonheur n'est que l'acceptation d'un renoncement.

La confiance en soi est la dernière religion.

L'homme et la femme ne se pardonnent pas de s'être nécessaires.

Il vaut mieux s'entêter dans une folie qu'hésiter entre deux sagesses.

L'homme fait toujours en sorte que sa souffrance serve sa vanité.

Il n'est besoin pour croire en Dieu, que de souffrir.

Amour, délice et orgue, Bruxelles, La Maison du Poète, 1940
Le clown vend ses lunettes, Bruxelles, Éditions Le Cormier, 1991.

Ardent Duchesne (1945)

Pseudonyme d'Étienne Schelstraete
Études de journalisme à l'ULB
Publie des recueils de nouvelles et de poésie

Une rose meurt sous la chenille.

La glace est la plus belle tentative naturelle d'immortalité.

La maison de l'humaniste est toujours construite à fleur d'abîme.

Le cercle est une forme primordiale… Tout y commence et tout y finit.

C'est la pudeur des fées qui fait le rideau de pluie.

Une larme de bonheur m'a fait comprendre ce qu'était l'eau douce.

Qu'une fleur s'émeuve et la rosée lui monte aux joues.

Topoésie et autres lieux-dits, Bruxelles, Éditions Les Belles Lettres, 1999

Jean Dumortier (1926 - 2014)

Poète, membre de l'Association des Écrivains Belges
Secrétaire des Jeunesses Poétiques
Auteur d'une trentaine de recueils

Au fond de nous, la voix qui parle est celle de l'intériorité.

Le regard permet la croissance de l'autre.

Il y a des enfants qui ne grandissent pas parce qu'on ne les regarde pas.

Nécessité de la poésie ? Serait-elle, dans l'instant, ce qui porte l'éternité ?

Serait-ce que par le regard on pénètre la profonde vérité de l'autre ?

Tomber n'est rien ? Ce qui compte, c'est de ne pas nier la chute.

Aucun dieu, aucun individu, aucune idée ne peut exiger mort d'homme.

L'homme finit par avoir peur du chèque en blanc dont il dispose.

Baume des regards, Bruxelles, Le Non-Dit, 2010

Michel Duprez (1950)

Poète et chroniqueur littéraire
Responsable marketing

L'épouse d'un grand poète a forcément des talons cachés.

Dieu merci, je suis athée.

Si j'étais réel, il y aurait matière à rêver.

Ceux qui m'éditent ne peuvent être que des sages.

Je me tue à vous répéter que je suis vivant !

C'est nos arts qu'on assassine.

Les plus grands voyants sont souvent des aveugles.

Il n'y a rien de plus mortel que la mort, cet éternel dernier cri.

Pensées filousophiques, in Le Spantole, n° 351, 2008
Rêve-toi et marche, in Nos Lettres n° 8-9, septembre 2010

Christian Duray (1956)

Membre du Big Band des Littératures Féroces
Auteur de happenings et de textes pamphlétaires
Bouquiniste

Le hasard est l'alibi des imbéciles.

On a tous une étoile filante qu'on trimbale dans une valise. Alors chaque fois que je vois une valise, je fais un vœu.

Avez-vous déjà vu un chien mimer un os ?

Les petits cours d'eau font les grandes rivières, les grandes rivières font tourner les moulins. Alors ferme ta gueule.

Les livres, c'est comme des petits vieux, assis côte à côte sur un banc.

Comment utiliser la sublime mémoire des neiges éternelles et le sourire polyglotte du soleil ?

La vie se trouve-t-elle dans la lumière d'un astre mort ou dans le regard d'un imbécile, dans les deux cas, le chemin est trop long pour la réponse

Le mangeur de Restes, Mons, Éditions du Batia moûrt soû, (sans date)

Yvan Dusausoit (1963)

Écrivain, spécialiste de la Mer du Nord

Souvent, la femme, plus que l'homme
prend son mâle en patience.

Donner le prix Nobel de la paix
à l'inventeur d'un silencieux pour tondeuse.

On peut avoir été privé de tout
même d'une enfance pauvre

À force de se surpasser
on risque de se perdre de vue.

De tous les périls,
les pires
s'avancent armés de certitudes.

In *Microbe* (Décollages / dépoèmes / désaphorismes) n° 44,
novembre 2007

Félix Duval (1914 - 1991)

Instituteur et poète

Nul n'a besoin d'un passeport pour voyager en soi.

Aimons nos nuits car nos ombres sont incertaines.

Mon curriculum vitae se résume aux trous de mes souliers.

Il m'est arrivé de m'attendre à la porte du cimetière.

La main ne se tend plus, elle s'achète ou elle se vend.

Qui veut mordre avec soin ménage sa denture.

Au fond de mon impasse, j'ai la paix pour voisine.

La culture ? ce rouleau d'essuie-tout de nos cuisines politiques.

Aphorismes, La Louvière, Éditions Arcoquin, 2015

Jean Dypréau (1917 - 1986)

Docteur en Droit, écrivain, artiste, critique d'art,
membre du Collège de 'Pataphysique
« (...) bref et léger, (il) est le plus doux des terroristes.
Cet iconoclaste a mis de la gentillesse dans son rire:
on ne l'a donc pas pris au sérieux. »[20]

Celui qui marche droit pense de travers.

Tu tricotes ma fidélité.

Il s'invente une imagination.

Celui qui baise la rose épouse l'épine.

Ce n'est pas avec des mots qu'on fait un vocabulaire.

Reprenons l'infini à zéro.

Je ne cherche pas où je me trouve.

Si j'étais Dieu je voyagerais incognito.

Il y a plus de plaisir à donner qu'à recevoir en période d'épidémie.

La verberie, Bruxelles, Phantomas, 1974
Le mal des mots, Bruxelles, La Pierre d'Alun, 2003
La lueur des mots, Châtelineau, Le Taillis Pré, 2008

---

20 La poésie francophone de Belgique (1903-1926), Bruxelles, Éditions Traces, 1987

Jacques Elan (1905 - 1958)

Poète, journaliste et écrivain
Rédacteur en chef de la revue Art et Vie
Premier président d'Unimuse[21]

Tous les bergers sont des poètes : leur lyre est un pipeau.

Même bronchiteux, ne tousse pas en prose.

Le chant du rossignol : dentelle de la nuit.

Aube sous la rosée : ostréiculture.

Le fait est à créer en partant du bourgeon.

Le poème est en toi, mais il faut le creuser.

Tous les chemins d'automne conduisent au verger.

L'archet brisé, Tournai, Unimuse, 1958

21 Association d'écrivains du Tournaisis, fondée en 1949, elle a aussi des activités éditoriales.

Gaëtan Faucer (1975)

Pseudonyme de Gaetano Focarazzo
Poète, nouvelliste et (surtout) dramaturge

La musique adoucit les morts.

L'auteur écrit des tonnes pour être publié en grammes.

Les lendemains de procrastination sont toujours pénibles.

Pour cacher la vérité, il faut la rendre grotesque.

La culture, c'est l'expression du vivant.

La vie est une parenthèse du néant.

L'homme est un torrent incarné.

Je viens d'apprendre que Pavlov n'avait même pas de chien.

Le noir me va si bien, Bruxelles, Éditions Novelas, 2015

Georges Fay (1899 - 1986)

Enseignant, auteur dialectal (théâtre, chansons, prose)
Administrateur de la SABAM

Je suis vraiment navré de ne pas valoir mieux.

Ah ! que le son du cœur est triste au fond du moi !

Le verre n'est pas grand
Mais j'ai bu dans ce verre.

Un jour, avant que le mien se fixe,
Votre avenir se décidera…

Télégramme
Crème glacée
Cœur aussi.

Tu me ressembles : tu es un composé chimique.

Heureux qui comme Ulysse a fait
Un long voyage
Sentimental…

Rétrospective 23, Gilly, L'Édition Moderne, 1942

Guy Fenaux (1933 – 2017)

Poète, notaire, bibliothécaire à Lantin
Conseiller communal à Waremme
Président des Jeunesses Littéraires de Belgique
de 1955 à 1957

Il est impossible de comprendre les yeux fermés.

Nous sommes quelques-uns à vouloir être tous.

Il y aurait un espoir
que le ciel partage la nuit.

Deviner est mieux que comprendre.

La vraie poésie se moque de la poésie.

Nature morte : des miettes.

J'aime les mots pour le peu qu'ils disent.

La nuit grince à l'horloge hystérique des villes.

Contredire, Bruxelles, Ex nunc, 1958

Xavier Forget (1971 - 2017)

Poète, magasinier, technocrate, informaticien…

Quel est le possible quand tout est symétrique ?

Besoin d'un peu de calcium, petit ?

Défaçadisons la société.

Noël,
ta guirlande coupe l'hiver en deux.

L'échelle de Jacob,
l'ascenseur social.

Pour une sociologie sans slogan !

L'humanité perd du terrain.

Une journée s'en va : comme elle est venue.

Un coin de siècle, Bruxelles, MEO, 2013

Pierre-Jean Foulon (1948)

Conservateur de la section des Livres précieux au Musée royal de Mariemont
Professeur d'esthétique et de muséologie
Poète, auteur de plusieurs ouvrages consacrés à l'art
Préside aux destinées de la revue Le Spantole

Mangez des pommes, il en restera toujours quelque chose.

Il ne faudrait appeler au secours sans savoir si les papiers ont donné à boire à leurs chansons.

L'adoration des bergers commence toujours par le lynchage d'un gorille.

Les accidents n'arrivent jamais que lorsque les vélos s'envolent à la cime des arbres.

Il faut savoir manger du boudin noir lorsque les araignées montent au plafond.

Sans le big-bang il n'y aurait pas de jambon à l'os ni de moutarde de Dijon.

Les saccageurs de vaches paieront cher leur mépris des animaux.

Petites pensées éparses, in Le Spantole, 2e trimestre 2016
Mors, Thuin, éditions du Spantole, 2017

Philippe Geluck (1954)

Artiste belge, humoriste, comédien, graphiste
Père du « Chat »

Dieu créa l'homme à son image, un peu plus moche.

La couleur la plus drôle du monde c'est l'amarante.

Les gens qui n'ont pas de projets sont des amnésiques du futur.

Mon frère jumeau est narcissique puisqu'il n'arrête pas de me regarder.

Dans le passé, il y avait plus de futur que maintenant.

Le concours hippique, mais le fakir, lui, il ne s'en rend même pas compte.

Le Top du Chat, Tournai, Éditions Casterman, 2009

Jean-Luc Geoffroy (1953)

Nouvelliste, poète, auteur en patois gaumais
Directeur honoraire du Service du Livre
Luxembourgeois

Si tu rencontres Dieu, dis-lui que moi, j'existe.

Il n'est pas besoin d'être à l'article de la mort pour savoir que la vie n'est qu'instants.

Avant de pouvoir tolérer l'autre, il faut s'accepter soi-même.

Qu'importe que l'on renie Dieu si l'on aime les gens.

Seul le solitaire n'est pas un jeu de dupes. Et encore.

Plus je connais mes défauts, plus je suis persuadé que j'ai bien du mérite à me supporter.

Faire comme Brassens tout au long de son œuvre : ne rien gueuler, mais ne rien dire tout bas.

(Inédits)

Alain Germoz (1920 - 2013)

Pseudonyme de Alain Avermaete
Journaliste, écrivain, éditeur, poète, traducteur
Créateur de la revue Archipel - Cahier international de Littérature

Tout, c'est beaucoup trop.

Tout homme n'est qu'une hypothèse.

Quand je m'écoute parler, j'ai envie de me contredire.

La plupart ont une morale de série B.

Il ne ferait pas de mal à une mouche, il vise plus grand.

Un télévidiot.

Comment va le suivi au niveau de ton vécu ?

Ma parole est de haute vue et se cherche.

Le chômeur est l'avant-garde de la société des loisirs.
Mais il l'ignore.

Le carré et l'hypoténuse, Bruxelles, Pehel, 1988
Le chat de Schrödinger, Bruxelles, Les Éperonniers, 1988
L'ombre et le masque, Paris, Archipel Éditions, 2003

Claude Gheûl

Pseudonyme d'Éric Dejaeger

Les idées nouvelles sont en nous, mais nous n'avons aucune expérience en spéléologie.

Dans notre futur immédiat, il reste peu de place pour l'avenir.

Le philosophe pense.
Les autres animaux vivent.

Si tu meurs de vieillesse, ne t'en prends qu'à toi-même.

L'homme descend du singe mais ne parviendra jamais à y remonter.

De mon temps, il fera bon vivre.

Les chiens aboient.
Les caravanes passent.
Je les laisse à leurs obligations.

Aphourismes à lier (voir bibliographie)

Max Gillaux (1940 - 1992)

Poète individualiste
Il fut l'élève de Franz Moreau
Il a participé à l'aventure de Phantomas

Le printemps rentre
dans les terriers.

La lessive remontait avec les oiseaux.

Le cri ouvre les coquillages.

La neige montait dans le ciel.

Toutes les fleurs que vous m'offrirez
je vous les offrirai.

Le cri d'un oiseau perce son œuf.

Les nuages nous cachent
l'absence du ciel.

Un grain de sable resté sec
voyage dans l'océan.

Les violettes acides, Paris, Librairie Le Minotaure, 1959

Théophile de Giraud (1968)

Écrivain, philosophe antinataliste, performeur, activiste
Un des créateurs de la fête des Non-Parents

Magistrat
Tortionnaire en robe de bal.

Divorce
La plus belle conquête du juriste.

Fainéant
Tout pessimiste qui s'honore revendique le pacifiant prestige d'être fainéant.

Adulte
Enfant qui a mal tourné au point de se croire supérieur à son passé.

Montgolfière
L'avenir est une montgolfière qui monte vers une épingle.

Moraliste
Spéléologue de lui-même devenu le géologue de tous.

Aphorismaire à l'usage des futurs familicides, Bruxelles, Maelström compact # 25, 2013

Yvon Givert (1926 - 2005)

Poète, dramaturge, nouvelliste et romancier,
prix Charles Plisnier en 1963 et 1977,
Prix René Lyr en 1976

L'œil de verre paraît pensif.

Mes jambes sont trois fois plus longues que vos désirs.

J'habiterai partout.

Là-haut
un nuage
oublie d'avancer.

Nous éclairons nos tatouages.

La nuit mit son poinçon sur mes paupières.

Les lézards emportent leurs ombres.

Je fore un trou dans le silence.

Soudain ce fut dimanche, Namur, éditions de l'Acanthe, 2000

Yvette Godart (1952)

Poétesse
Membre des Artistes de Thudinie

Étrange et fascinant pouvoir du silence livré autant au rêve qu'à la réalité.

L'univers, par instant, peut se peupler d'une seule idée !

La continuité des choses… cette obscure manifestation de l'absolu.

La vie n'est belle que pour les traducteurs de rêves.

Le pouvoir de l'art n'est-il pas cet éternel voyage entre le réel et l'imaginaire.

Écrasé contre la vitre, l'univers se fige dans la prison de quatre lignes.

Le temps est long à assembler la vie.

Si les choses exprimaient aussi leurs rêves, il n'y aurait plus que les fous pour s'occuper d'elles.

Traces, in *Le Spantole*, n° 284, 1991

Jean-Louis Godet (1958)

Journaliste à Notélé
Responsable sportif et réalisateur
Concepteur de nombreuses expositions
et supports multimédias

Il avait dérobé l'euro symbolique !
et vous appelez ça le cash du siècle ?

Qu'il s'occupe de ses oignons
cet Hercule Poirot !

Maladresse policière ?
pourquoi dit-on 22 v'là les flics
alors que l'assassin habite au 21 !

Comme dirait un juge :
aux innocents les moins de peine !

Vol de GSM,
voilà le mobile du crime !

Comme dirait Julie Lescaut :
la vie n'est pas un long fleuve tranquille !

La Poésie habite au 21, collectif Unimuse, Amougies, Cactus Inébranlable éditions, 2015

Camille Goemans (1900 – 1960)

Docteur en droit, galeriste, écrivain surréaliste
Corédacteur de la revue Le Disque vert
Fonde « Correspondance[22] » en 1924
avec Paul Nougé et Marcel Lecomte

Grand comme une image.

L'on ne joue qu'avec le feu.

Travailler pour l'éternité et détruire à mesure.

Semer à gauche et récolter à droite.

Il n'y a pire abus que de sincérité.

Tout le mal vient du pire.

Un beau mensonge vaut mieux qu'un long discours.

Vivre d'amour et de poison.

Ce ne serait que quatre sous de poivre, il y a de quoi faire révolution.

Écrits, Bruxelles, Labor (collection Espace Nord), 1992

22 Tracts imprimés sur des feuilles de couleur, tirés à moins de cent exemplaires et distribués gratuitement à des destinataires variant d'un numéro à l'autre.

Gokyo (1939)

Pseudonyme de Julien-André Dal
Passionné de poésie
Il fut typographe, camionneur, chef de publicité

La poésie est une porte secrète
pour rentrer en soi.

Le soleil, on n'en voit qu'une face.

Le général ne dit que
des généralités.

Moins il comprend,
plus il explique.

Elle me cherche… Misère !

Promotion : la troisième
chaussette gratuite

On revient toujours à
sa première culotte.

Le miroir ne retient pas les visages.

Carte blanche à André Stas, in *Revue des amis de l'Ardenne*,
n° 8 – 9, mars 2005

Jean-Philippe Goossens (1971)

Études aux Beaux-Arts de Tournai
Infographiste
Roi du calembour, Prix Gros Sel du public en 2013

À Noël, à la radio, les jingles bêlent.

Une guerre religieuse peut-elle se faire au lance-missel ?

Pour le banquier, le bonheur est dans le prêt.

Est-ce qu'il pleut plus les années impers ?

Il tente de réparer sa jante autant que fer se pneux.

Le ridicule ne tuba (proverbe éolien)

Est-ce que les oiseaux mexicains pépient tôt ?

Je vais mettre ma soirée entre charentaises.

Les pAnsées, tome 1, Le ridicule ne tuba, Amougies, Cactus Inébranlable éditions, Prix Gros Sel (du public), 2012
Les pAnsées, tome B – Du haut de la fadaise, Amougies, Cactus Inébranlable éditions, 2014
Les pAnsées, ultima tome, Les flûtes en chantier, Amougies, Cactus Inébranlable éditions, 2018

David Greuse (1968)

Véritable nom de Freddy Tougaux

Le fruit de la misère, c'est le pépin.

Si tu meurs, tu vas en enfer.
Si tu ne meurs pas, tu y es déjà.

La beauté est un obstacle à l'objectivité.

Le croissant de l'une n'est pas le croissant de l'autre.

Aime-toi et le ciel tes draps.

L'impôt sur la fortune, c'est une riche idée.

Quand un félon parle, je ne comprends pas un traître mot.

De deux choses l'une ou l'autre.

Double sens unique / Unique double sens, Amougies, Cactus Inébranlable édition, 2016

Paul Guiot (1962)

Études de Lettres à Louvain-la-Neuve
Poète, écrivain, musicien, compositeur et interprète
Fondateur / éditeur de la revue « Microbe »

Au fait, Braque, il était à gauche ou à droite ?

Yves était en Klein au bleu des mots.

Se méfier des bons romans comme de La Peste.

Bâts-toi si tu es un âne.

Je ramone donc je suie.

Tonner de sa personne.

Arrêter de fumer nuit grandement à l'image du poète.

Infini, t'es si mal.

Enfermée dans sa bouche, une voyelle attendait impatiemment qu'on sonne.

Candeur mature, Aphorismes et jeux oulipiques, Pont-à-Celles, Éditions Tirtonplan, 1995
Ces palabres qui cachent l'aphorisme, Amougies, Cactus Inébranlable éditions, 2014

Tom Gutt (1941 - 2002)

Avocat, écrivain, éditeur
Fait partie de la seconde génération du surréalisme en Belgique
Fondateur de la revue « Le Vocatif »

Lorsqu'elle se tait
les alentours sèchent.

Chez nous
il n'y a pas d'endroit.

Use tes phrases sur tes lèvres.

Les cultures
n'accompagnent pas l'hirondelle.

Nouvelle ère
loin de son corps.

Nous prenons garde à nos yeux
qui se retournent contre nous.[23]

Début de campagne, Bruxelles, La Table des champs, 1984

23 In *Europe*, Revue littéraire mensuelle (Les Surréalistes Belges), avril 2005

Louis Hannaert

Romancier et essayiste

Il y a trop de vivants pour faire juste mesure aux morts.

Tout succès libère de fausses amitiés.

Pour comprendre, il faut s'étonner.

Vivre, c'est se construire chaque jour.

L'art se rattache à l'art, comme la vie à la vie.

L'hypocrisie est de la cruauté avariée.

Toute grandeur est à l'origine passion créatrice.

En religion ou en amour, qui adore n'aime pas assez.

Réverbérations, Bruxelles (chez l'auteur), s.d.

Claude Haumont (1936 - 2009)

Peintre, poète, essayiste
Membre des Artistes de Thudinie
Proche des surréalistes
Prix Charles Plisnier pour *Le Hors Venu*

Ton corps fragile s'appuie sur mon silence.

Un peu de sel sur la queue du Phénix.

Le soleil dérobe le temps à l'ouvrier des lunes.

L'absence est une silhouette bleue.

Le coeur ne bat pas de main morte.

Le pré s'enroue en automne.

La machine à coudre de l'angoisse.

On ne défie pas les suppliciés.

Les crépitements de l'immanence.

Aphorismes, in *Le Spantole,* n° 193-195, 1976

Marcel Havrenne (1912 - 1957)

Poète
Membre du groupe surréaliste Rupture
Un des fondateurs de Phantomas.

Prendre date pour l'abolition du calendrier.

Ne croire à rien que dans la mesure du possible.

Ce qui n'a pas de sens est d'hier ou de demain.

Je ne voudrais pas être le miroir de mes ennemis.

Au pays des allumettes, le briquet a du génie.

Il n'y a rien au monde qui coûte plus cher que l'argent.

Le bonheur qui connaît son nom connaît son ombre.

L'inconnu, c'est le premier venu.

Quand la langue fourche, le diable n'est pas loin.

Du pain noir et des roses, Bruxelles, Georges Houyoux éditeur, 1957 ; réédité dans *Phantomas* en 1984 et repris dans la revue *L'Estaminet*, revue éphémère en 1993

Luc Honorez (1945)

Critique et journaliste culturel, grande signature du quotidien Le Soir
Écrivain

Faisons des rêves avec une extrême énergie mais sachons qu'ils n'aboutiront jamais.

Il faut exiger le droit d'être et d'avoir été.

Qui tient la plume tient le pouvoir, sauf le paon.

Le raisonnable ne fonctionne plus et si on essayait le déraisonnable ?

Le clown est le notaire qui acte le testament de cette fin de siècle.

L'ennui mérite d'être réhabilité.

On juge un humoriste à sa manière de réagir à une vanne qu'on lui lance.

J'aimerais avoir l'écriture en trompette pour souffler dedans.

La séance était trop courte, Bruxelles, CFE Éditions, 2003

Gaspard Hons (1937)

Poète, écrivain, membre de l'AEB
« Quand on lui parle de biographie, il répond
qu'elle est avant tout les livres qui ponctuent
les chemins de sa vie et qui sont
les meilleurs témoignages de ce qu'il est. »[24]

Évite la plaine des bavards.

L'inattendu verse le réel dans un bol sans fond.

Parfois des grincements suffisent. Pour déloger le poème, indécidé.

En retrait de la lampe, s'éveille l'aveugle.

Écrire cette pensée. À l'infini – une balle perdue.

Les derniers débris du vent.

Est-il regard plus blanc que celui d'une abeille aveugle.

Proche du chemin, est le chemin.

Personne ne précède, Paris, Hatier, 1993

24 *Propos notés à la pelle du cœur* (aphorismes), Gerpinnes, Éditions Tandem, 2008, coll. textes et images, 30 exemplaires accompagnés de huit linogravures de Léon Wuidar.

Christian Hubin (1941)

Licencié en Philosophie et Lettres
Poète, enseignant

Le poète est l'esclave de ses mots.

Se sauver en refusant.

Nul n'est prophète en son poème.

Mais nous parlons si haut pour exister si bas.

Écrire dans la solitude, pléonasme.

Seul dans le désert nucléaire, écrire encore.

Le langage est une carte géographique où subsistent beaucoup de blancs.

Toute clarté dépouille.

En marge du poème (Approximations), in *Feuillets du Spantole,* 1998

Éclipses, Bruxelles, Labor, collection Espace Nord, 1999

Pierre Husson (1977)

Écrivain public, peintre, poète, animateur d'ateliers d'écriture, revuiste, présentateur radio

Les gens penchés à leur balcon finissent par ressembler à des oiseaux.

Revenir au monde.

Ne cherchez plus, je suis le dépeceur de monstres.

Je voudrais parfois prendre congé de moi-même.

Offrir son corps à l'absence.

L'amour gagne à prendre un nouveau visage.

Arrêtons de découvrir d'autres planètes habitables, cela nous offre de l'espoir.

Textes parus dans la revue *Matières à Poésie*

Louis Huwart (1931)

Poète, écrit aussi des aphorismes et des inscriptions. Lauréat au Grand Prix international de Wallonie en 1966 (poésie libre)

Un homme introverti en vaut trois.

L'indulgence ne pardonne pas.

Un homme aux nerfs d'acier, au cœur de pierre, à la main de fer est un homme très dur pour les autres.

L'immaculée conception est le comble de l'amour-propre.

Erratum : la vie est une erreur.

Pourrira bien qui pourrira le dernier.

Les homme louches se retrouvent dans les hôtels borgnes.

Même l'avant-garde dissimule des arrière-pensées.

Les gens solitaires ont toujours une double vie.

in *Aphourismes à lier* (voir bibliographie)

Jean-François Jacques (1970)

Chanteur, traducteur, poète, professeur de français à l'étranger

Pour qui me prenez-vous ? Pour mon curriculum vitae ?

Vous devez vous tromper, le temps ne passe pas, il s'use.

Je renvoie mes jeunes années en bas de page.

Je mourrai après avoir prononcé la syllabe fatale.

Quelle folie de penser que l'on puisse tirer à la fronde sur l'apesanteur.

Pouvoir enfin, délibérément détourner le réel au profit du rêve.

Pendant longtemps mon unique raison de vivre furent quelques notes limpides.

Je m'en veux parfois de passer indolemment entre vos épaules de feu.

In *Le Spantole*, n° 312, 1998

François Jacqmin (1929 - 1992)

Poète
Membre du groupe Phantomas

Les convictions sont les détritus de l'esprit !

La dualité est un tortionnaire distingué !

Il s'agit d'arriver au néant sans trop de dégât !

Le moi est toujours mauvaise compagnie.

Le désespoir est une morale évincée !

Il est dangereux de jouer au Robespierre même quand on est Robespierre !

La signification, aussi, est incohérente !

L'univers est un lapsus permanent !

J'ai une foi inébranlable en je ne sais quoi.

Initiation au Jeu de Domino Gris, in *Phantomas*, (Homo Ludens), 77-82, 1968
Les saisons, Phantomas, collection des Types en or, 1979,
Dix aphorismes crépusculaires, Nantes, Le Pré Nian, 1987
Réédition : Bruxelles, Labor, coll. Espace Nord, n°50, 1988

Michel Joiret (1942)

Écrivain, poète, conférencier, essayiste

Je n'ai pas fait grands pas de mes voyages.

Il est toujours trop tôt.

Tout peut être dit seulement d'une encre chaude.

Tenir simplement la vie par les anses.

Assurons la lumière à défaut de chaleur.

Si j'avais eu une jeunesse on le saurait.

Toutes les heures mènent aux femmes.

Le temps de rêver fait de longues rigoles où il ne pleut jamais.

Avenue du silence, Amay, L'Arbre à Paroles, 1995

Philippe (Roberts) Jones (1924 - 2016)

Poète, docteur en Histoire de l'Art
Inspecteur des bibliothèques publiques
Conservateur en chef des musées royaux
des Beaux-Arts

Le monde s'est châtié dans ses conflits d'orgueil.

Il faut aimer debout et se donner ouvert.

On construit le désir où le plaisir s'accorde.

Le temps ne compte plus la seconde égarée.

La dérive a le voyage en poupe.

Tout s'éveille et fait don si le regard souscrit.

Tout plan guide l'esprit vers son imaginaire.

D'encre et d'horizon, Bruxelles, La Différence, 1989

Bernard Josse (1949)

Graphiste, enseignant à l'Académie de Tournai
Cofondateur du groupe « Puzzle » à Charleroi
Nombreuses collaborations avec le Daily-Bul

Quand il fait noir à Tokyo,
c'est la nuit.

Qui dore dîne.

Un plus une peuvent faire plus de deux.

Vive les vices sans fin.

À trop pleurer il la crie mal.

À faire sans blanc, il broyait du noir.

Bonjour les Degas.

Le tout à l'égo.

(Inédits)

Jack Keguenne (1957)

Poète, romancier, graphiste, plasticien, calligraphiste

Il ne se passe rien entre les mains de ceux qui décident.

S'appuyer sur l'ambiguïté.

Il n'y a mille autres valeurs que celle du préjugé.

L'ordre n'est qu'une vocation précaire.

N'avoir le pouvoir que de prendre acte.

L'arbre distribue sa lumière, et sa condition.

Préexister dans l'oubli.

Pourquoi tant d'orages là où il suffirait d'arroser quelque peu.

Miracle des oiseaux, in *Marginales*, 2015

Keguenne (Jack), « Lettre à une jeune femme immobile » dans Pittura è cosa mentale, Bruxelles, aesth., 1988. © JK.

Roger Kerger (1948 - 1997)

Poète, éducateur, éditeur, proche des surréalistes

Écrire sa vie, c'est aligner deux ou trois points de suspension.

L'œuf fait de l'ombre à l'assiette.

Si vous vous penchez sur vos souvenirs, relevez-vous.

La commande de l'abeille est restée sur la fleur.

Je ris au trot sur un gendarme.

Demande-t-on à une tortue son carnet de mariage ?

J'ai beau tourner en rond ma tête se vide d'un concert d'oiseaux.

Cette parole : « jamais ne confier votre vie à des intermédiaires » défie toute publicité.

Ricochets, Frassem, La Table des champs, 1987
Pensées, Frassem, La Table des champs, 1998

Paul Kervan (1911 - 1979)

Poète, participe à la revue Phantomas

Dans les chambres noires du sommeil s'amusent les ombres.

Dominos : démons couchés sur le dos.

On tombe dans le nadir, les yeux levés vers le zénith.

L'infini est une finitude qui n'a pas de limite.
Voilà le mystère.

Géorgique : tout un champ de choux fleurs fait la danse du ventre.

De progrès en progrès, bientôt il s'agira de trouver le brin de foin dans une meule d'aiguilles.

Plaisir de cuistre : pisser contre une Ombre.

Tickets de métro, La Louvière, Daily-Bul, Collection Les Poquettes Volantes n° 28, 1968

Roger Kervyn de Marcke ten Driessche
(1896 – 1965)

Avocat, écrivain belge d'expression française,
traducteur de nombreuses œuvres
du néerlandais vers le français

Le ciel et la terre passent. Et l'Éternel les a voulus beaux.

La coccinelle est une ironiste.

Qu'il est malaisé de comprendre, de faire comprendre, de se comprendre.

La tortue : ma carapace a une forme de cœur.

On peut dire n'importe quoi à n'importe qui, seulement… il y a la manière.

Vanter sa cravate : futilité.
Vanter sa vertu : pharisianisme.

De ses trois portes, ma bibliothèque bâille.

L'homme est un être raisonnable,
sa raison d'être est de nourrir le pou

Le balancier des routines, Bruxelles, Le Rond-point, 1954

Théodore Koenig (1922 - 1996)

Poète et essayiste, roi de la contrepèterie
et de l'invention verbale
Considéré comme un *anarchiste de haute tension*
Cofondateur avec Joseph Noiret et Marcel Havrenne
de la revue Phantomas

L'avenir de nos rhumatismes est dans le soleil.

Une colombe vaut deux corbeaux.

Ni bu ni connu.

Au pays des rois, les borgnes sont aveugles.

Trop vrai pour être beau.

Le temps n'existe pas mais il insiste.

On verra bien qui rêvera le dernier.

La nature confie qu'elle a horreur des campeurs.

L'Aphorismose, Lettera amorose, 1973, réédité à Bruxelles, Éditions La Différence, 1995
La métamorose, Phantomas, 1980
Analectes, Verone, Rara international, 1990

Jacques Lacomblez (1934)

Poète, peintre et dessinateur
Il fait partie de la troisième génération du surréalisme

Préface :
Je suis né en Berne.

À bout d'argument :
Ainsi vous vivez ?
Tant pis, vous l'aurez voulu.

Dernières volontés :
Ni fleurs ni couronnes, mes amis.
Je suis enfin roi du jardin.

L'enfant gâté :
Vous auriez tout de même pu glisser
quelques illusions dans mon cercueil.

Le sans-gêne des vivants :
Quand vous boirez dans mon crâne,
épargnez-moi la vaisselle.

Le peu quotidien, Paris, Éditions Syllepse, 2001
Presque rien, Rennes, Éditions des Deux Corps, 2011

Max Laire (1925 - 2002)

Dessinateur industriel, galeriste, poète
Se définit comme un *Bricoleur de mots*

Oublier ce que nous sommes pour rester ce que je suis.

Il est inutile de tenter de restituer un air emprunté.

Fou de sagesse, on l'interna.

Se laisser aller à rêver de ne pas se laisser aller.

Il est bon que la langue soit chauve.

C'est dans les temps morts que je vis le plus.

Une montre peut avancer en restant immobile.

Toujours avoir en poche un paquet de semence de doute.

Il faut rendre l'âme. D'accord, mais à qui ?

72 vraiment timides essais de réflexions mais à mettre néanmoins entre toutes les mains, Bois d'Haine (s.d.)
Comme il est un autre, Grignan, éditions Complicités, 1998
Réflexions insolites, Bois d'Harcy, Éditions Fer de Chances, 1999

Désiré de Lamalle (1915 - 1996)

Homme politique et militant wallon
Docteur en Droit de l'Université de Liège

Quand on croit ne plus être dupe de personne, on reste encore dupe de soi-même.

Une enfance heureuse est un trésor qu'on emporte avec soi pour la vie.

Beaucoup feignent d'être honnête quand il ne leur coûte rien.

L'envie nourrit les médiocres sans jamais apaiser leur faim.

Il ne faut point connaître les hommes pour se piquer de les bien connaître.

Il n'est pas d'art de vivre sans plus ou moins de temps perdu.

Chez les médiocres, l'âge éteint les rêves et parfois aussi ce qui leur reste de conscience.

Pensées de notre temps, Ury, Éditions du Paroi, 1981

Werner Lambersy (1941)

Poète, vit à Paris
Voix majeure de la littérature francophone

Après
la conquête de l'espace, le triomphe du vide.

La photo
est longtemps restée un art de borgne.

L'amour
a la tête sur les épaules de l'autre.

La colère
est un refus de la logique du désespoir.

Tirez
sur la pelote d'un mot, tout le dictionnaire suivra.

Pour faire
l'amour, l'âme veut un lit de fakir.

Écrire
c'est remettre un horizon devant les mots.

L'ennui
est la distance de freinage du désir.

Journal par-dessus bord, Esch-sur-Alzette, Éditions PHI, 2003

Emma Lambotte (1876 - 1963)

Née Emma Protin
Écrivain, peintre, critique littéraire
Admiratrice de James Ensor avec lequel elle entretient une longue correspondance.

Les anarchistes disent plus vrai qu'ils ne pensent quand ils proclament que tout est à tous.

Mon cœur va tomber dans l'abîme.

Travaillons tous à la victoire, le moyen est simple ; être bon.

Plus on aime, plus on est heureux.

Le soir, nous ne l'asservissons qu'à demi.

Nous nous sommes plus fidèles que notre ombre car nous n'avons pas toujours notre ombre.

Le cochon qui sommeille au cœur de l'homme ne dort jamais que d'un œil.

Boutades, Liège, Robert Protin, 1917
Mots d'enfants, Liège, Robert Protin et Cie, 1923

Thierry Lechat (1953)

Poète, enseignant, collagiste,
fondateur de la Cadémie de 'Pataphysique de Montegnet
avec Jean-Paul Verstraeten

Pour vivre
peureux,
vivons couchés !

Prendre légèrement
les choses graves
et
gravement
les choses légères.

Mon rêve
vaut bien
celui
QUE TU N'AS PAS.

Lui:
"J'ai envie d'être
moi-même"
L'autre:
"C' EST EXAGÉRÉ
COMME AMBITION".

Mieux vaut chanter
à voix haute
que se taire
à voix basse.

J'aimerais
que ceci
ne reste pas
entre nous.

N'oubliez
surtout pas
de m'interrompre
lorsque je dis
quelque chose
d'intelligent.

Soyons clair,
le problème avec
les lèche-culs
c'est l'haleine

In *Catarrhe*, juin 2014

Pascal Leclercq (1975)

Poète, philosophe, journaliste, critique littéraire,
traducteur, photographe, performeur et conférencier

Je suis un triangle isocèle.

La raison est étrangère à la poésie, question de bon sens.

L'espace ne déteste pas les vérités générales.

N'achève pas les pintades, notre rôle s'arrête ici.

Qui te chargera sur son dos
si tu ne prends pas le départ ?

Du bout des doigts, je questionne les murs.

Il ne reste plus rien de notre orphelinat.

Hélium, Nancy, la Dragonne, 2014

Marcel Lecomte (1900 - 1966)

Poète, membre du groupe surréaliste de Bruxelles, écrivain discret, adepte des zones d'ombre et du mot rare [25] Participe à la revue L'Invention Collective dirigée par René Magritte et Raoul Ubac

Il ne suffit pas de nommer la vérité pour la dire.

L'objet du désir épuise le désir, une donnée secondaire le densifie.

Il y a des mondes à l'intérieur d'un univers créé.

Cette étrange adaptation au changement qui caractérise les inadaptés.

Il nous faut accorder les secrets à nos naissances successives.

Le poète se doit de subir et de redresser.

Je portais en moi le monde comme un jardin de paresse.

L'on ne saurait parler d'expérience dans le domaine de la clairvoyance.

Œuvres (L'Homme au complet gris clair. La Servante au miroir. Le Carnet et les instants), Bruxelles, Jacques Antoine, 1980

---

25 In *Textyles* (Revue des lettres belges de langue française) n° 52, SAMSA Éditions, 2017

Jean Lefèvre (1931)

Poète, nouvelliste, humoriste et fabuliste

Un vaudeville sans caleçon est une tragédie sans chœur.

Il n'y a que les rois qui peuvent être de tristes sires.

Nous nous sentons toujours responsables de ce que nous avons réussi.

Pourquoi les procès-verbaux sont-ils toujours écrits ?

En politique, il y a des partis et des demeurés.

Les parallèles devraient forcément garder leur distance.

Si tu fais un nœud à ton mouchoir, mouche-toi !

L'oisif est un monsieur qui a beaucoup de savoir-ne-pas-faire.

Le petit Lefèvre (non illustré), Binche, Éditions du Penseur de Rodin (s.d.)

Jacky Legge (1957)

Ecrivain, poète, coordinateur des expositions
à la Maison de la Culture de Tournai
Auteur d'ouvrages consacrés au patrimoine funéraire
Membre d'Unimuse

La mort a aussi des zones d'ombre.

Le tocsin est le réveil matin de la mort.

Il manquait des poignées au cercueil du lépreux.

On ne trouva jamais le corps du prestidigitateur.

Les artificiers déserteurs partirent avec un baril de poudre d'escampette.

Les bègues du régiment se faisaient la guéguerre.

Tuer le temps, quelle drôle d'expression, se disait le soldat tapi au fond de la tranchée.

L'épicier fut réincarné en Phénix Potin.

La mort, 366 fois, sans remords, Lambersart, Éditions de L'Épi de Seigle, 2004
(L')Armes à feu et à sang, Amougies, Cactus Inébranlable éditions, 2016

Claire Lejeune (1926 - 2008)

Poétesse et essayiste
Fondatrice des Cahiers du Symbolisme
Membre de l'Académie royale de langue et littérature françaises de Belgique

C'est le désert qui crée le chameau.

Dieu, par hasard.

L'exception est la règle du futur.

Musique est lumière convertie à l'oreille.

La flamme dévore ses propres illusions.

La parole est mesure du silence.

L'amour brûle les ailes du hasard.

L'affirmation est une négociation à terme.

La geste, Paris, José Corti, 1966, réédité aux éditions Labor, collection Espace Nord, 1994

Jean-Louis Lejeune (1946)

Études en communication visuelle à Saint-Luc à Bruxelles
Dessinateur de presse,
illustrateur de livres pour enfants

De tous les légumes de la Gaule, les Bettes sont les plus rares.

ÉPICU sinon RIEN.

Réponse du fournisseur : pour les tréteaux, il est trop tard.

À quoi sert la mouche du coche ?
À se coacher soi-même ou à se moucher du coude ?

C'est étonnant comme notre vie va plus vite que nous.

Don Quichotte était tellement bizarre.
Qu'en pensa Sancho ?

Le salutaire coup de pied au derrière procure un bon vieil oxymore.

Quelques dessins et quelques aphorismes verticaux, Charleroi, Éditions Couleur Livre, 2015

Patrice Lescure (1963)

Lauréat du concours d'aphorismes Colinet en 1998
« Les rivières meurent dans leur lit »

Modeste, il s'est égaré sans faire de vagues.

Passer l'Achéron plutôt deux fois qu'une.

La pluie mouille les plus beaux chapeaux.

Aux innocents, les mains propres.

L'oursin est la sirène du porc-épic.

Toute vie reste encore de l'autre côté de la vitre embuée.

Là-bas, on noie les nains dans un verre d'eau.

L'eau qui dort rêve de félonies.

Les rivières meurent dans leur lit, voir bibliographie

Les Lèvres Nues[26]

Revue littéraire et artistique fondée par Marcel Mariën en 1953 et disparue en 1975.
Elle fait partie de la mouvance des revues post-réalistes de l'après-guerre, comme Temps Mêlés, Daily-Bul et Phantomas.
Elle compte de très nombreux collaborateurs, notamment Paul Nougé, Louis Scutenaire et le musicien André Souris.
« Les Lèvres Nues tentèrent d'unifier trois formes de la pensée radicale : la subversion du discours, le marxisme-léninisme révolutionnaire et une utopie sociale fondée sur une conception poétique du monde. »[27]

Voyantes, lisez entre les lignes.

Si vous voulez grandir soyez modeste.

Timides, un ton plus bas !

Gardez toujours un pied dans la tombe.

Il faut penser à travers tout.

Courage, on ne les aura jamais.

Sainte Marie, Mère de Dieu, priez pour vous.

---

26 Les éditions Allia (Paris) ont réédité les 12 revues dans un coffret sorti en 1995, ISBN: 2-911188-06-3

27 Michel P. Schmitt, 2016, in *La Revue des revues* n° 55

Cathy Leyder (1966)

Poète, a travaillé en bibliothèque, Prix Delaby-Mornaux (Association des Écrivains Belges) en 2012

Le poète harponne les mots.

Il coupe les cartes
en tranches de vie.

L'horloge court chercher le temps.

De ses ailes
le papillon bat le grain de l'air.

Un cuisinier hache l'obscur.

Le verbe est en crue
il déborde de sens.

Le ciel est un circuit.

Le sommeil mélange nos membres
recycle nos rêves.

Froissement, Amay, L'Arbre à Paroles, 2005

Géo Libbrecht (1891 - 1976)

Avocat, académicien, poète, essayiste, prosateur
S'est exprimé tant en picard qu'en français

Si vous ne voulez pas périr, changez l'eau du bocal.

Les morts ont le temps d'attendre.

Dehors, on empaillait le clair de lune.

Soyez le vent qui détrousse les roses.

Que dire du métier de veuve ?

Le rêve n'est jamais domestique.

Les auteurs qu'on ne relit pas sont nos vrais morts.

Il n'y a de prophète qu'en hébreu.

Balle perdue, Bruxelles, Éditions de l'Audiothèque, 1964

Béatrice Libert (1952)

Poète, enseignante, animatrice d'ateliers d'écriture,
conférencière, critique
A publié des essais, des récits, des nouvelles
et un roman

L'absence
Est la racine
De l'imaginaire.

Au fond du puits
Le jour se lève aussi.

La couleur est
La clef de l'ombre.

Le Dieu que tu cherches
Marche dans la rosée.

Au seuil de quel horizon
Poser sa lampe ?

Le temps se déshabille
À l'endroit où tu vas.

On passe sa vie à remuer des clefs
Qui n'ouvrent aucune porte.

L'aura du blanc, Châtelineau, Le Taillis Pré, 2016

Docteur Lichic (1972)

Membre du Collège de 'Pataphysique, fondateur
de l'Observatoire Bruxellois du Clinamen,
éditeur de la Brucellôse, la revue des urréalistes belges,
publie dans de nombreuses revues,
présente des conférences alcoophiles

Dieu a créé l'homme car le singe ne prie pas.

Dieu est magnanime, il nous a fait mortel.

Depuis l'ancien testament, Dieu a une extinction de voix.

Dieu a également des questionnements métaphysiques : d'où vient-il ?

Par bienséance, on évite de publier un traité de savoir-vivre à titre posthume.

Se sachant observées, les minutes de silence revendiquent plus d'intimité.

Le monde se divise en deux catégories : ceux qui connaissent cette maxime et les autres.

Microtraité d'athéisme, Maffe, Éditions de L'Hélicon, 2006
AnecdoCtes, Amougies, Cactus Inébranlable éditions, 2017

Charles-Joseph de Ligne (1735 - 1814)

Maréchal, diplomate et homme de lettres
Surnommé Le plus grand des Wallons
Militaire et grand séducteur

Les hommes font les lois, les femmes font les mœurs.

J'avance dans l'hiver à force de printemps.

La police doit être une mère et une commère.

On ne réfléchit au passé et à l'avenir que pour goûter le présent.

Malheur aux gens qui n'ont jamais tort, ils n'ont jamais raison.

On a l'air de connaître les autres et on ne connaît que soi-même.

Il vaut bien mieux avoir de l'imagination que de la mémoire.

Il faut être le père de ses amis pour en être sûr.

Mes écarts, Bruxelles, Éditions Labor (Collection Espace Nord), 1990
Aphorismes, pensées et fragments, Paris, Arléa, 2011

Jules-Gérard Linze (1925 – 1997)

Poète, romancier, essayiste, nouvelliste

Mes jambes supportent mon corps
et sur mon dos pèse le poids du monde.

Sommeil doux pâturages.

J'ai une image pour rire
    une image pour pleurer.
Vous ne verrez jamais mon visage d'homme.

Also sprach Franz Kafka.

Sans mensonge, la vie
rompt aussitôt son fil.

Un poème est toujours
une sorte d'adieu.

Ne mourons-nous pas tous, librement ou non,
de nos propres venins.

Ceux que l'on dit morts d'avoir trop aimé
le sont d'avoir trop vécu.

Terre ouverte, Bruxelles, Pré aux Sources, 1988

Françoise Lison-Leroy (1951)

Poète et nouvelliste, professeur de français
Critique littéraire

Un faux puits n'abreuve pas les terres franches.

Même le crabe rêve d'un aquarium.

Seuls les poissons digèrent la transparence.

La flaque aussi accueille l'arc-en-ciel.

Le fleuve fait son deuil des caresses du saule.

Quand tu croques la vie, la brigade canine a une dent contre toi.

Erreur judiciaire :
on t'a pris pour moi
et je cours encore.

Aujourd'hui mes yeux rament
sur l'horizon défiguré.

Les rivières meurent dans leur lit, voir bibliographie
In *La poésie habite au 21*, Collectif Unimuse, Amougies, Cactus Inébranlable éditions, 2015

Paul Louka (1936 - 2011)

Pseudonyme de Vital-Paul Delporte
Auteur, compositeur, interprète, comédien, peintre

Ministère et ne rien dire.

À Bruxelles, même les numéros sont bilingues.

Le diable parti, les dieux s'ennuient.

Dans l'amour à trois, il y a des pluriels bien singuliers.

L'homme éclairé porte en lui ses ténèbres.

La tolérance, c'est le permis de conduire de la pensée.

Quand la chanson manque d'air, le chanteur s'époumone.

L'enfant est un prince de l'éveil.

LOUKA, (Escarbilles), Bruxelles, Présence et Actions Culturelles, 1984

Carmelo Marchetta (1965)

A publié des aphorismes dans la revue Microbe,
adepte de la banalyse[28]

Dans la nuit de dimanche à mardi, j'ai rêvé d'un monde sans lundi.

Aujourd'hui j'ai mangé le dernier cannibale existant sur terre.

Mon miroir ne cligne jamais des yeux.

C'est pendu au téléphone qu'il prononça ses derniers mots.

Une chose est sûre, vous m'avez lu au moins une fois dans votre vie.

Se faire tatouer sur tout le corps « NE PAS TOUCHER » en braille.

Quand je n'ai rien à dire, je l'écris.

Si je devais revivre ma vie, je m'arrangerais pour commettre beaucoup plus d'erreurs.

Vents contraires ; le livre collaboratif, Jean-Michel Ribes et Jean-Daniel Magnin, Paris, Castor Astral-Curiosa & Cetera, 2012

28 Capacité de maîtriser l'art de ne rien faire en ne restant pas inactif ou encore utiliser le hasard pour prouver qu'il n'existe pas.

Marcel Mariën (1920 – 1993)

Écrivain surréaliste, poète, essayiste, éditeur, cinéaste, collagiste, plasticien
Premier historien du surréalisme belge
Fonde la revue Les Lèvres Nues
Spécialiste des aphorismes de l'absurde

Mourir, c'est maigrir un peu.

Au royaume des voyants, l'aveugle est roi.

Le suicide est également une façon de tuer le temps.

La bibliophilie est la vérole des surréalistes.

Entre les dieux, mon corps balance.

Elle était trop belle pour être désirable.

Il faut toujours remettre sa vieillesse à demain.

La femme nue n'a jamais froid.

Les conséquences de ce qu'on ne fait pas sont les plus graves.

À l'ombre de la proie, La Louvière, Daily-Bul, Collection Les Poquettes volantes, 1968
La licorne à cinq pattes, Bruxelles, Les lèvres Nues, 1986
La boîte noire, Morlanwelz, Les Marées de la Nuit, 1996

Bernard Marlière (1942 - 2014)

Professeur de français
A enseigné de l'Afrique à la Sibérie
Auteur d'anthologies sur l'humour belge [29]

La musique classique est au rap ce que le latin est au verlan.

Le 11 novembre 1111, personne n'a joué la date au Lotto.

Les écologistes ne devraient faire que des enfants naturels.

Personne n'a aimé le film, à part le public.

Vous avez raison de rigoler, cela désinfecte l'esprit.

Les limaces, ce sont des escargots SDF.

Aujourd'hui, tout se paie, il n'y a que la violence qui est gratuite.

À force de fabriquer des objets ultralégers, la terre finira par s'envoler.

Café Belgique, Bruxelles, Éditions Jourdan, 2010

29 *Quand les Belges nous font rire*, Anthologie de l'humour belge, Bruxelles, Éditions Jourdan, 2014

Carlo Masoni (1921 - 2010)

Enseignant, écrivain et poète

Un verbe creux est rarement démocrate.

Nous savons tous que la vérité tue.
Elle tue les autres.

Beaucoup de gens prétendent savoir ce qu'il faut faire, pour se dispenser de faire ce qu'il faut.

Les feuilletons télévisés : la niaiserie érigée en pain quotidien.

Il y a dans toute œuvre d'art une vérité qui dépasse infiniment ce qui la courtise.

Trop souvent nos paroles ne sont que du silence sur lequel nous mettons un peu de bruit.

Aphorismes et autres, in *Le Spantole,* n° 295, 1994

Jean-Louis Massot (1955)

Poète, auteur de théâtre et éditeur
aux Carnets du Dessert de Lune
Né en Ardèche, il vit en Belgique depuis
plus de trente ans

Demain, je ne recommence rien à zéro.

J'essaie de ne pas trop me ressembler.

Vous n'aimez pas cet aphorisme, ne le lisez pas.

Il faut sans cesse refaire deux fois la même erreur.

J'aurais aimé être le tenancier d'un bordel indescriptible.

J'aurais aimé être un asile ouvert aux herbes folles.

J'aurais aimé être le chant du partisan du moindre effort.

J'aurais aimé être le couturier d'un tissu de mensonges.

Penser pourrir, Toulouse, Éditions Du Soir au Matin, 2010
Sans envie de rien, Amougies, Cactus Inébranlable éditions, 2016

Paul Mathieu (1963)

Enseignant, écrivain, poète, nouvelliste
Critique littéraire

Un bon vivant peut-il faire un mort acceptable ?

La neige n'a jamais autant d'importance que lorsqu'elle a disparu

Parfois on tue bien un peu le temps mais le salaud il se venge

Est-ce le mot qui compte ou le bruit autour du mot ?

Retourner à ses livres comme à la terre du jardin

Trois mouettes passent au ras de l'eau : coup d'archet dans la nuit
des songes

On brasse du vent dit-on, puis le vent finit par raser les montagnes

Tonne en son cratère ....Tout sauf la raison !

En passant, in *Traversées* (Aphorismes) n° 81, 2016

Philippe Mathy (1956)

Poète et enseignant
Fonde avec son épouse une galerie d'art, d'exposition et de rencontre (Le Front aux Visites) où il accueille des poètes et de plasticiens

Il faut aimer beaucoup pour se vouloir être libre.

Un mot jeté dans la rivière soulève la vase de son silence : il signifie.

Tout appelle au bonheur quand l'être tend les mains.

Qui peut comprendre que j'écris pour me taire ?

Tout demeure à connaître quand l'éclair veut paraître.

Il faut se lever toujours même quand notre corps nous laisse croire que nous sommes debout.

Écrire, tenter de mettre les pieds dans le plat de sa vie.

Le sable et l'olivier, Mons, La Valise est dans l'Atelier, 1984
Debout sur un brin d'herbe, Charlieu, La Bartavelle, 1992

Franco Menozzi (1962 - 2005)

Docteur en Sciences, chercheur, peintre,
romancier, nouvelliste

Mon unique fierté sera d'être resté un parvenu à rien mais avec mention.

Je n'abuserai pas de mon temps de silence.

Tout poème est une vérité qui se cherche encore.

L'éternité comprend tous les infinis plus un.

Rêver, c'est dépoussiérer son esprit.

Tout travail mérite souffrance.

Je suis sans espoir mais avec quelques espérances.

J'incarne mon propre hasard.

Des jours au fil des mots, Bruxelles, Graal, 1996

Jean Mergeai (1927 - 2006)

Magistrat, écrivain régionaliste, chantre de la Gaume
et de l'Ardenne

La justice a ses intégristes.

Faute désavouée est à moitié pardonnée.

Il y a plus de fausses victimes que de faux coupables.

Si tu veux qu'on t'écoute, écoute.

J'appelle beauté tout ce qui fait plaisir à mon regard.

L'œil a ses raisons.

Le poème est l'alcool de l'esprit.

Quand il y a trop de dossiers en souffrance, la justice est malade.

Lucioles, aphorismes, Virton, La Dryade, 1985
L'herbe entre les pavés, Bruxelles, Les Éditions du Cercle, 1991

E.L.T. Mesens (1903 - 1971)

(Édouard, Léon, Théodore)
Surréaliste, poète, peintre, musicien, collagiste, galeriste, marchand d'art, éditeur [30]

Le mauvais exemple est souvent le meilleur.

On dit plus en ne disant rien.

Dieu a peur de l'homme.

André Breton sera mort ou ne sera pas.

Tous les mots sont sincères.

Le cygne existe toujours sans reflet.

Ne conduisez plus vos enfants à l'école
Apprenez-leur l'usage SECRET
De la parole.[31]

Robert Sabatier, *La poésie du vingtième siècle Volume 2*, Paris, Albin Michel, 1982

30 Tous ceux qui ont eu l'occasion de s'intéresser à ce personnage de la scène surréaliste européenne insistent sur ses multiples talents et sur « l'activité inlassable » qu'il déploie dans « ses divertissements de poète, de musicien et d'intellectuel curieux des saveurs insolites du siècle » (Anne Reverseau, « E.L.T Mesens en pièces détachées : une poétique de l'assemblage », *Textyles*, 43, 2013, 63-72).

31 In *Europe*, Revue littéraire mensuelle (Les Surréalistes Belges), avril 2005

Henri Michaux (1899 - 1984)

Écrivain, poète et peintre
Collabore à la revue d'avant-garde Le Disque Vert

Savon ne contemple que la crasse.

Mendiant, mais gouverneur d'une gamelle.

Le mal trace, le bien inonde.

Dieu n'apparaît que dans les forges.

Même le sourd dialogue.

La tristesse rembourse.

Délit d'oiseau n'intéresse pas l'arbre.

Qui n'a plus d'épaules monte aux étoiles.

Poteaux d'angle, Paris, Gallimard / Poésie, 1981
Face aux Verrous, Paris, Gallimard / Poésie, 1992

Mickomix (1975)

Pseudonyme de Mickaël Serré
Graphiste, dessinateur, notamment pour la presse satirique et underground, , poète,
auteur de chansons et de nouvelles

Les objets sont la mémoire du temps.

Tout le monde est possible.

Je voudrais entrer dans le désordre.

Je suis la preuve vivante que le ridicule ne tue pas.

La poésie, ça marche avec les pieds.

Laissons aux imbéciles la joie d'être optimistes.

Penser à mettre à jour le joli ciel.

Ce sont les petits rouages qui font les engrenages.

Si les religions hissent l'âme, elles abaissent l'esprit critique

L'esprit fera peur, Amougies, Cactus Inébranlable éditions, illustrations de l'auteur, 2016

Microbe

« La petite revue qui n'a pas peur des grandes »
Coéditée par le tandem Éric Dejaeger et Paul Guiot, le bimestriel en format de poche n'hésite pas à bousculer les conventions du genre. Dans cette minuscule revue qui ne rétrécit même pas au lavage à 90°, sont publiés des créateurs venus de toute la francophonie proposant de la poésie, des textes brefs en prose et beaucoup d'aphorismes. Cent numéros ont paru entre septembre 2000 et mars 2017.

Les Lumières éteignent despotes et les clercs. Sombre histoire. (# 3 - 01/2001)

François Delvoye

Le rat d'eau et la méduse, quel étrange attelage. (# 6 - 07/2001)

Lila Widmer

La fièvre du samedi soir ne casse pas le thermomètre. (# 25 - 09-2004)

Jean-Michel Aubevert

Lorsque la farine eut faim, elle inventa le pain. (# 31 - 09/2005)

Jacques Carrier

Le poète descend du songe. (#84 - 07/2014)

Suzy Cohen

André Miguel (1920 - 2008)

Poète, romancier, auteur dramatique et
critique littéraire
Auteur d'un ouvrage sur Achille Chavée paru dans la collection « Poètes d'aujourd'hui », chez Seghers en 1969

L'excès trouve sa mesure.

La nuit fonde le jour.

La bouffonnerie est lévitation.

Le rien est créateur.

La pensée lestée de vide vogue mieux.

À chaque moment, tout se change en son contraire.

Je ne donne pas ma fringale au maître d'hôtel.

Enfants de la terre, il fera bon vivre demain sans réveille-matin.

DE LA LUDILITÉ AU LUDILINGUE, in *Phantomas,* (Homo Ludens), 78-82, 1968

Mirli (1977)

Pseudonyme de Jean-Michel Marchal
Poète, graphiste, musicien, fou chantant
Médium éclairé et voyant lumineux[32]

J'écris en moyenne une page blanche par jour.

Pour vivre éternellement, tous les moyens sont longs.

Rien de plus cuisant qu'une phrase trop crue.

La vie sans sexe est comme un sexe sans vie.

Je ne sais pas combien de temps profiter de l'instant présent.

J'aime beaucoup insulter mon intelligence.

Grandir, c'est perdre le sens de la démesure.

Cinq personnes sur quatre se sentent de trop.

J'ai décidé de ne plus me laver, pour des raisons qui me sont propres.

Qui mène me suive, Amougies, Cactus Inébranlable éditions, 2017
HAPAX–2000 L'odysée de l'extase, Amougies, Cactus Inébranlable éditions, 2019

32 Sa devise : « Tire enseignements de tes textes avortés ; lis tes ratures ».

Ernst Moerman (1897 - 1944)

Avocat, écrivain, poète et cinéaste surréaliste

Il vaut mieux être le dernier à se servir de champignons.

Un pauvre qui saigne dépense son capital.

Les montres arrêtées donnent l'heure juste deux fois par jour.

Les thermomètres morts vont au ciel.

La musique doit toujours rester en deçà de la vérité.

L'écriture rend le crayon magique.

Les grands fiévreux sont lumineux le soir.

Puisque le bonheur n'existe pas, tâchons d'être heureux sans lui.

Œuvre poétique, Bruxelles, De Rache, 1970

Robert Montal (1927 - 1998)

Pseudonyme de Robert Frickx
Historien de la littérature et écrivain
Poète, nouvelliste, romancier, auteur dramatique

Il vient un âge où l'on n'existe plus que pour son chien.

On préfère toujours son vice à celui de son voisin.

La vie m'a rendu pareil à un caméléon ; je change de couleur avec le milieu.

Moins j'ai envie de rire, plus je trouve les autres marrants.

J'ai tout ce qu'il faut pour être heureux – sauf le bonheur.

Les amis, on les compte sur l'index de la main.

Je n'aime pas les enterrements des arbres, je sens déjà que je n'aimerai pas le mien.

Dieu, c'est le spécialiste du prêt-à-porter, il ne taille jamais les destins sur mesure.

Pages, in *Les Feuillets du Spantole*, n° 278, 1988

Franz Moreau (1913 - 1962)

Poète proche de la mouvance surréaliste du Hainaut
Intègre le mouvement Haute Nuit
Proche du dessinateur Armand Simon[33]

Toute ma vie est une nuit d'équinoxe.

Je mûris sous ta robe.

Tous les calendriers sentent la clématite.

Dix taches de soleil dans un verre de pluie.

Le jour a douze pétales de beau temps.

Tournez la page, il y aura peut-être de la lumière.

Le premier oiseau déchire la lumière.

La seule poésie est dans le silence qui entoure les nuits.

(Lettre à Armand Simon)

Courbure du temps, Châtelineau, Le Taillis Pré, (Collection Ah !), 2002

33 1906 - 1981, fréquente Chavée et Dumont à l'Athénée de Mons, le point de départ de son œuvre sera consécutive à la lecture de *Les Chants de Maldorador*, d'Isidore Ducasse, comte de Lautréamont. Des œuvres d'Armand Simon sur le site des Musées royaux des Beaux-Arts de Belgique : https://www.fine-arts-museum.be/fr

Michel Mouligneau (1935 - 1981)

Pseudonyme de Guy Latteur
Poète, écrivain, fondateur de la branche belge
des Amis de Marcel Proust

Ne pas vouloir briller, mais tenter d'éclairer.

La page blanche est un miroir réfléchissant.

L'engagement implique l'encagement.

Il rêvait d'écrire un précis d'imprécision.

On n'épouse jamais que son rêve.

Un beau parleur est rarement un homme de parole.

L'avenir ne fera-t-il pas présent du passé ?

Aller à la vérité par sympathie.

Viatiques, Bruxelles, Éditions de Picardie, 1972
Dehors et dedans, Bruxelles, Éditions de Picardie, 1972

Philippe Moulin (1948)

Photographe, chroniqueur au Batia moûrt soû
qui publie ses aphorismes

Le jeu de mots est un acte d'amour avec la langue française.

Ce n'est pas à un vieux sage qu'on apprend à faire de beaux rêves.

Les musiques militèrent puis furent démobilisées.

Noël déboule et traîne l'an neuf.

C'est à braire avec « es biroute din s'main » et une grenade lacrymogène dans l'autre.

(Inédits)

Yves Namur (1952)

Médecin, poète, éditeur (Le Taillis Pré)
Membre de l'Académie royale de langue et littérature françaises de Belgique

L'eau de ville distribue bonnes et mauvaises conduites.

L'eau de Cologne est sans domicile fixe.

Claire, comme l'eau de roche, cache bien son jeu.

L'eau bénite lave plus blanc que blanc.

L'eau pétillante déborde d'enthousiasme.

« Allô » est un mot insubmersible.

L'eau-forte m'impressionne.

(Inédits)

Luc Nefontaine (1959)

Docteur en Philosophie et Lettres
Chercheur et enseignant - spécialiste en Sciences Religieuses et en Franc-Maçonnerie

Prendre un taxi, c'est voir défiler son compteur.

Le sens de la vie est toujours à sens unique.

L'âme, siège de toutes les illusions.

Une fois l'an, relire son agenda et faire la somme des plaisirs accumulés.

Partir de rien, c'est arriver au bout du compte.

Les gens pressés doivent avoir une conscience atténuée de la réalité.

Généralement, un mort a plus de qualités qu'un vivant.

Vouloir partir, c'est toujours vouloir revenir.

Aphorismes : manie d'avoir toujours raison, Louvain-la-Neuve, Académia - L'Harmattan, 2017

Paul Neuhuys (1897 - 1984)

Poète, éditeur, fondateur de la revue « Ça ira [34]»

Le chien rit avec sa queue.

Les bons mots jouent avec de mauvais tours.

Improviser c'est puiser dans le panier à provisions.

Trois genres de femmes : la charmeuse, la charmante et la charmeresse.

Rares sont les oiseaux qui vivent de leur plume.

Tout s'arrange le mieux quand tout tourne au plus mal.

S'il n'y avait pas de mauvaise poésie, il n'y en aurait pas de bonne.

Le roman de l'amour impossible est partout.

Le bonheur est que tout pourrait être bien pire.

On a beau dire, Bruxelles, Éditions Labor, (Collection Espace Nord), 1990

34 http://caira.over-blog.com/

Tom Nisse (1973)

Poète, écrivain, traducteur, participe
à de nombreuses performances poétiques

Après le déluge, nous.

Une chose est sûre, quand je lutte, c'est avec classe.

Il ne faut pas que le fait qu'on s'habitue à tout devienne une habitude.

Doit-on dire c'est la chute finale ou la lune finale ?

Le monde entier est dans mon cendrier. Et, en cas de crève, mon crachoir.

La bonne volonté est à la politique ce que les commodités sont à l'architecture.

Il y a des gens qui veulent faire carrière. Je préfère faire falaise.

Maximes parues dans différents numéros du Batia moûrt soû

Joseph Noiret (1927 - 2012)

Figure marquante du groupe Cobra
Fonde en 1953 la revue Phantomas qu'il dirigera,
de même que l'éphémère revue L'Estaminet

L'étincelle seule peut révéler les limites de l'enfer.

Dire que nous n'irons jamais jusqu'au bout de notre mémoire.

Que devient le tableau quand il est regardé ?

De toute manière, la hauteur ne change rien à ce qui vient après.

Toute question revient à la poser.

Un morceau de regard s'accroche, persiste, dure, s'effrite.

Ils sont la haine du mouvement qui fait bouger les lignes.

En littérature ce qui est sauvage seul nous attire.

Il faut des mots, mais il n'en faut pas plus qu'il n'en faut.

Tas de mots / Mise en scène des regards, Bruxelles, Phantomas, 87-88, 1969

Léonard Nolens (1947)

Poète et diariste belge d'expression néerlandaise, considéré comme un des plus importants poètes vivants de Flandre

L'autocritique absolue supprime tout, ne laisse rien inchangé.

Les applaudissements sont en plâtre.
Rien.

La mort est si grande qu'il n'y a pas de place pour l'apitoiement sur soi-même.

Un poète est quelqu'un qui a perdu son texte et qui le cherche.

Il n'appelle jamais les choses par leur nom, mais à leur prix.

La vérité est un manque de fierté.

Deux types de personnes : celles qui ont reçu la vie et celles qui doivent gagner la vie.

Les mots, la graine et l'argent sont fait pour rouler.

Actes de naissance, Paris, La Différence, 1994
Brèches, Le Castor Astral (Escales du Nord), 2004

Jean-Loup Nollomont (1960)

Niveau d'études : tout à fait secondaire…
« Son champ de vision est intérieur et s'étend
à perte de vue… » (André Balthazar)

ÉCHANGE DE VUE
L'aveugle qui ne dort que d'un œil ne devient pas borgne pour autant.

R.I.P
La mort est un mystère pour tout le monde, ce n'est un secret pour personne.

HUILE DE COUDE
Une manche de perdue, dix de retroussées.

TAILLER UNE BUVETTE
Je sculpterais bien un lendemain de cuite, rien que pour voir sa gueule.

MARCHE NUPTIALE
Les petits bouts de chemin font les grandes éternités.

INUTILE D'AFFRANCHIR
Les voix qui nous émeuvent sont celles dont on aimerait collectionner les timbres.

Pensées nyctalopes, illustrations de Serge Poliart, Amougies, Cactus Inébranlable éditions, 2015
Cécité interdite, Amougies, Cactus Inébranlable éditions, 2018

Géo Norge (1898 - 1990)

Pseudonyme de Georges Mogin
Poète et fondateur du « Journal des Poètes »

La pluie est une présence d'abeilles dans un buisson très sec.

Je suis et je reste
Mon roi.

Entends-tu marcher la nuit
sur ses pantoufles de mousse ?

Cent ans, ça fait comme un long train qui roule.

Nous possédons en commun le trésor de quelques mots.

Mon cœur est un ruisseau qui ne bat que d'une aile.

Il ne faut pas de tout pour faire un monde, il faut du bonheur et rien d'autre.

La fleur de vérité ne se montre au poète
Qu'à l'envers.

Norge, Robert Ravini et Marc Alyn, Paris, Seghers, (Poètes d'aujourd'hui), 1972

Paul Nougé (1895 - 1967)

Biochimiste, poète, instigateur et théoricien
du surréalisme en Belgique [35]
Créateur de la revue « Correspondance »

Le vrai vagabond ne repasse jamais au même endroit.

Les idées n'ont pas d'odeur.

Le vocabulaire de l'amour étonne par sa pauvreté.

Trouvez donc aux paroles la saveur d'une bouche.

Poussez la porte, le soleil est à l'intérieur.

Voir est un acte : l'œil voit comme la main prend.

L'on ne résout pas toutes les difficultés au moyen d'une métaphore.

Fragments, Bruxelles, Éditions Labor, (Collection Espace Nord), 1983
Au palais des images, les spectres sont rois, (Tout Nougé), Paris, Éditions Allia, 2017[36]

35 On l'a surnommé le Breton belge.

36 *Paul Nougé a fait du détournement des mots une arme, de l'écriture un acte en soi, du texte un objet agissant, révolutionnaire.* (Extrait de la quatrième de couverture).

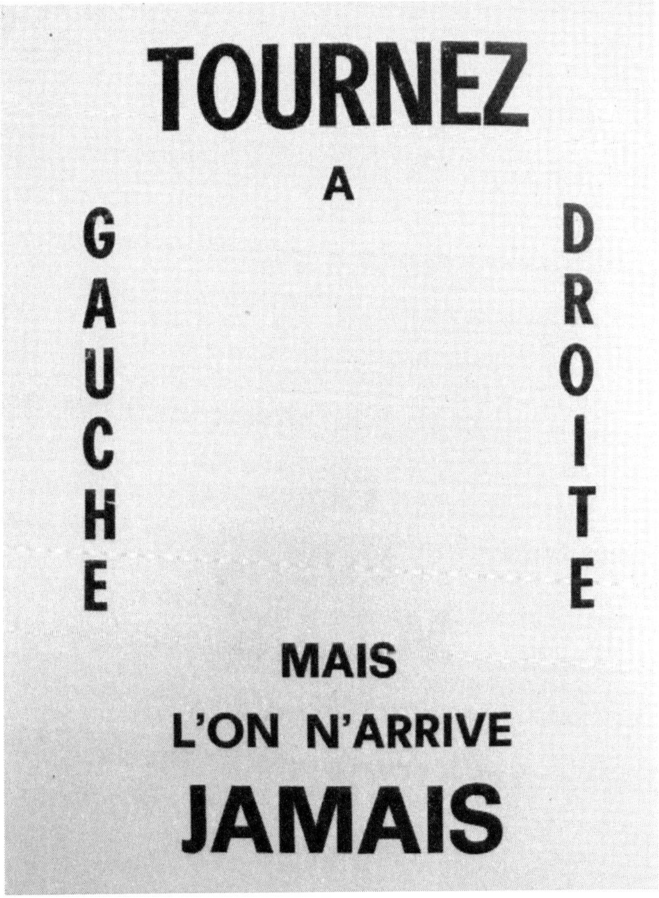

Paul Nougé, Publicité, 1925

Colette Nys-Mazure (1939)

Philologue de formation, professeur de lettres,
Poétesse, conférencière, elle anime des ateliers
de lecture et d'écriture.

Dans la poche
mon casse-croûte pour la vie
(l'optimiste)

Je porterai plainte aux abonnés absents.
(les enfants martyrs)

Il fait très seul au pays des hommes.
(avis de recherche)

Folle hardiesse, sceau d'amitié.
(sauf-conduit)

On a moissonné l'été.
(chute d'automne)

S'abandonner au désastre du ciel
déluge sans recours.
(instantané)

Arbre buissonnier
à la grande école de la vie.
(vivace)

Enfance portative, (collection Zobéide), Avin / Hannut, Éditions Luce Wilquin, 1997

Clément Pansaers (1885 – 1922)

Peintre, graveur, poète, artiste polyvalent d'origine flamande mais d'expression française
Principal représentant du mouvement Dada en Belgique
« Anarchiste, antimilitariste, nihiliste, il n'a cure de la moindre correction formelle. Il écrit comme on hurle, et multiplie les anathèmes comme les interjections. »[37]

La mort est amorphe ; avec une porte ouverte sur bien des possibilités.

L'évidence sépare l'intérieur de l'extérieur.

Vivre est une maladie imaginaire.

L'art est né du verbe.

La non-existence possède sa carte d'identité.

Je sors d'entre hier et demain.

Hier est un souvenir. Un souvenir est un attendrissement.

Au bagne sont les nuances imaginées.

Le Pan-Pan au Cul du Nu Nègre, Bruxelles, Éditions Alde, 1920
L'Apologie de la paresse, Anvers, Ça Ira, 1921

37 *La poésie francophone de Belgique (1885-1900),* Bruxelles, Editions Traces, 1987

José Parrondo (1965)

Auteur de BD, illustrateur, peintre et musicien

Quand il a trop de barbe, un homme peut vivre en forêt.

Je suis parti trop vite et mon reflet est resté dans la glace.

L'ombre d'un détective privé va le suivre de façon particulièrement discrète.

Un feu rouge, c'est une guirlande de Noël au ralenti.

Un pompier qui a le feu chez lui, c'est comme s'il ramenait du travail à la maison.

Un cosmonaute distrait est deux fois sur la lune.

Le téléphone est impatient dès la première sonnerie.

Les peintres du dimanche le sont aussi les autres jours de la semaine.

Parfois les ennuis portent un chapeau, Paris, L'Association, 2012

Jacques Paulus (1928 - 1979)

Romancier, poète, essayiste

Dieu, c'est ce qui mérite d'être imaginé.

Il n'est d'être vivant que pour constater l'univers.

Tout langage est une pression sur le possible.

Enlevez la hiérarchie des orgueils, tout croule.

L'essentiel est toujours dans les boîtes fermées.

Aucune valeur ne résiste à l'infini.

Impossible désormais d'aimer trop ?

Dieu est ventriloque.

Quatuor 1987, Tournai, Unimuse, 1987

Marcel Peltier (1938)

Spécialiste en méthodologie des mathématiques, poète.
S'est spécialisé ces dernières années dans
le haïku minimaliste

La stupeur est la peau devenue muette.

La nudité est la caricature de la liberté.

Le diable est l'ami de l'irrévocable.

La caresse est aisée, la tendresse est difficile.

Qui chante à minuit déchante à midi.

L'innocence meurt lorsque la violence naît.

Qui accepte le visiteur, accepte l'inquisiteur.

La lucidité est le plus court chemin de l'absurdité à la vérité.

Nul ne peut dire dans quelle direction le poème s'écoule.

Écriture sans contrainte (aphorismes), in *Le Spantole* n° 311, 1998

Phantomas

Revue fondée en 1953 par les poètes Joseph Noiret, Théodore Koenig et Marcel Havrenne, rejoints plus tard par Marcel et Gabriel Picqueray, François Jacqmin et Pierre Puttemans qui devinrent la bande des sept types en or de la publication. Phantomas est une revue déjantée, iconoclaste, ludique et brillante dont le slogan était : « Phantomas, c'est le *Popocatepetl*[38] six fois par an »[39]
Nombre d'auteurs belges d'aphorismes y furent publiés.

Georges Gronier[40]

On suit toujours les mêmes chiens.

La nuit, tous les chiens sont bleus.

On a toujours besoin d'un petit chien chez soi.

Qui chien bien châtre mal.

Sylvain Bonnier[41]

Le livre est un objet manufacturé.

Madame, souffrez que je vous apporte un petit cadeau.

---

38 Nom d'un volcan mexicain
39 Guy Duplat, La Libre Belgique, 24 juin 2005
40 *Le mot chien*, in *Phantomas*, n° 128, 1973
41 *Leucothéismes*, in *Phantomas*, La Littérature, n° 13, 1959

Pol Piérart (1955)

Peintre et photographe, auteur de photographies calembouresques, réalisateur de films courts

Une jolie robe est une robe qu'on a envie d'arracher.

Le monde dentier.

Terre aux risées.

C'est à devenir complètement vous.

Il faut refaire l'amour pour la vie.

La vérité sort de la couche des enfants.

La vie est dure, la mort est durable.

Leurre est grave.

Tabous les morts.

Ça fait du bien d'enlever ses choses sûres, Crisnée, Yellow Now, 2000
Photos pour faire un monde, Crisnée, Yellow Now 2004
Je suis photortographe, Crisnée, Yellow Now, 2006
La Vie en ronces, Crisnée, Crisnée, Yellow Now ,2007
Angoisse ça te regarde, Crisnée, Yellow Now, 2013
Mon plus beau posthume, Crisnée, Yellow Now, 2016

Maurice Pirenne (1872 - 1968)

Peintre, auteur d'aphorismes rédigés sur des papiers épars qu'il jetait dans une poubelle

Je ne suis ni de l'avant-garde, ni de l'arrière-garde. Je ne suis pas du troupeau.

L'infini comme étalon, toutes choses ont même mesure.

On peint toujours pour quelqu'un ; sinon, c'est prière.

Je me fiche de l'art et de la poésie tout autant. Seule la vérité m'intéresse.

Il ne suffit pas qu'un tableau soit sans défaut ; il faut aussi qu'il ait des qualités.

Crânes vides : bons élèves.

In *Temps Mêlés* 99-102, Verviers

Jean-Claude Pirotte (1939 - 2014)

Avocat, vagabond, écrivain, poète, critique littéraire
Prix Goncourt de la Poésie en 2012

L'élégance n'est pas la beauté.

La mort ne vient pas au milieu d'un tournant.

Toute confidence mérite d'être méritée.

On devrait toujours écrire comme à un vieil ami.

Qui peut le moins ne pourra jamais le plus.

Nous ne possédons pas ce que nous tremblons de perdre.

L'esprit de construire est en soi devenu constructeur.

Les petits livres sont plus durables que les gros : ils vont plus loin.

Francesco Pittau (1956)

Études aux Beaux-Arts à Mons,
peintre et graveur de formation
Se consacre à la littérature pour la jeunesse
Finaliste du Prix Rossel en 2015 [42]

Le Club de Naturisme du Pôle Nord ne compte aucun adhérent.

Au carrefour de la Mort, tu tournes à gauche, et là il y a un restaurant.

Franchement, les autres c'est l'envers.

La raison du moins mort est toujours la meilleure.

La nuit lui sortait souvent par les yeux.

Il était con comme la lune et le soleil réunis.

Un type qui a peur, croit en Dieu ; un type qui a très peur, devient fanatique.

Il y en a qui trimbalent toute la journée la boue de leurs cauchemars.

Une pluie d'écureuils, Carnet du Dessert de Lune, 2012
Les Hamsters de l'agacement, Cactus Inébranlable éditions, 2016

42 Pour *Tête dure,* Carnets du Dessert de Lune.

Hugo Poliart (1974)

Écrivain, romancier, « carnettiste », blogueur, professionnel du web

La vie aurait été plus facile
si je n'avais jamais eu le choix.

Les hommes sont des sex-toys
qui ronflent.

Celui qui ne pleure pas
ne rit pas non plus.

Vivre, ce n'est déjà pas simple,
mais ne pas vivre, c'est encore
plus difficile…

Superflus, Louvain-la-Neuve, Académia – L'Harmattan, 2015
Dans un carnet, Best of et bloc note, Cherbourg, La boîte à Pandore, 2016

Pierre Posno (1940)

Ethnologue, anthropologue, sociologue, écrivain et poète

Les herbes sauvages ont des parfums trop forts.

Il y a trop de bruit dans l'univers.

Je m'abîme.

Il existe peu de nomades au pays des langages.

Les mots viennent toujours faire leur bruit.

Je regarde entre les choses.

Juste pour un instant, Amay, L'Arbre à Paroles, 2015

Arthur Praillet (1912 – 1992)

Poète, employé, comptable
Relance avec Franz Hellens la revue *Le Disque Vert*
entre 1946 et 1950

Mourir n'est que changer de nom
Sinon tout continue.

Je voudrais être lu à la lumière du regard qui écoute.

Au lieu d'écrire, j'efface.

Ciel et clarté, image et transparence
Ne font qu'un.

Ma parole en vaut une autre.

Entre deux mots, toujours choisir le moindre.

Le poème se donne à lire
Par le côté printemps de sa haie.

La parole est une nouvelle naissance au monde.

Poème, Amay, L'Arbre à Paroles, 1993

Gérald Purnelle (1961)

Docteur en philosophie et lettres, professeur à l'Université de Liège, éditeur scientifique de l'œuvre de Jacques Izoard

Les noms propres se lavent en famille.

À l'ordre du jour : le désordre de la nuit.

Par discrétion, il fait pipi et caca en verlan.

Je est un autre, comme disait Je.

On est toujours à deux doigts de vomir.

Ne jetez pas au ministre la première pierre qu'il a posée.

Pour raccourcir ton ombre, élève le soleil.

Je ne suis pas un homme d'État, je suis un homme d'action.

in *Traversées* (Aphorismes), n°81, septembre 2016

Pierre Puttemans (1933 - 2013)

Poète, architecte, urbaniste, essayiste
Critique d'art et d'architecture, enseignant
Un des sept types en or du groupe Phantomas

Minute de ludisme, minute de vérité.

Transmuer l'or en plomb.

Vipères ludiques — Vipères pudiques.

Parfois, aussi, la tortue laisse gagner le lièvre.

Arroser son jardin sous la pluie.

Lâchez la proie pour l'ombre.

Sa carte muette n'avait rien à lui apprendre.

Consacrer sa vie à ne rien faire ?
Méfiez-vous des consécrations.

Propos Allusifs, Bruxelles, Phantomas (Homo Ludens), 72-82, 1968

Jean-Philippe Querton (1960)

Écrivain, éditeur, formateur en communication
Participe à des batailles d'aphorismes,
les expose sous forme de lessives

L'amitié d'un misanthrope, ça n'a pas de prix.

Il y a des enterrements auxquels j'ai hâte d'assister.

Il a abusé d'elle, sans entrer dans les détails.

Pour sortir de l'obscurantisme, appuyer sur l'interrupteur.

Un beau projet de vie : partir de rien pour n'arriver nulle part.

Il y a tant de chaleur dans sa voix qu'on pense qu'il parle au troisième degré.

Le spectacle de ce catholique intégral se terminait en nu intégriste.

Je ne produis que des aphorismes en circuit court, sans pesticides, certifiés durables et bons pour la planète.

Aphorismes & Terrils, Les éditions Par Hasard, 2009
Au Cactus Inébranlable éditions : *Des capiteuses pensées*, 2011 ; *Squelettes au haras*, 2014 ; *Chimères bleues*, 2015 ; *Minute d'insolence*, 2017

Christian Quinet (1950)

Poète, écrivain wallon, ardent défenseur
de la langue wallonne du Centre avec ses complices
des « Scriveux du Centre »

Le ver de terre est un grand buveur de bière.

La marée haute dépose sur le sable les bassesses de la mer.

Prendre ses jambes à son cou est le meilleur moyen de rester sur place.

Waterloo a coûté à Napoléon Blücher qu'il ne le pensait.

Cette nuit-là, le taureau fit un insoutenable cauchemar : il était matador.

La transparence commence le plus souvent quand il n'y a plus grand-chose à voir.

Non-conformité : est-il bien normal que la rue du Vélodrome soit rigoureusement rectiligne ?

Si la vie après la mort ne me plaît pas, je me suiciderai pour revenir à la précédente.

(Inédits)

Raymond Quinot (1929 - 2005)

Écrivain, directeur de l'instruction publique à Etterbeek

On ne rue pas assez fort.

Il est permis de bafouiller si on le fait exprès.

Le soleil a soif.

Cinq doigts, c'est peu pour caresser un moraliste.

Chacun croit ce qu'il pense.

Pour arriver, vantez-vous avec modestie.

L'humour est la poésie du moraliste.

Être doux est un plus terrible handicap que d'être laid.

Pensées d'un gentleman, Bruxelles, Éditions Le Rouge et le jaune, 1981

Jean Raine (1927 - 1986)

Pseudonyme de Jean-Philippe Robert Geenen
Écrivain, poète, cinéaste et surtout peintre

Le vin peut se boire en solitaire, la soupe, pas.

Je ne fais rien, je fais de rien.

N'être que la victime de ses devoirs.

Je me tiens pour battu, mais battu par moi-même.

S'appeler Lumière et inventer les salles obscures.

Partant perdant.
Transmettre ses échecs en réussite.

Citer n'est que se nuire et nuire à celui qui vous précède.

Le temps du verbe, Paris, L'Échoppe, 1992

Henri Ronse (1946 – 2010)

Metteur en scène de théâtre et d'opéra
Créateur de la revue « Obliques »
Réalisateur de nombreuses émissions radiophonques
pour la RTBF et France-Culture

La poésie saute une idée sur deux.

J'aimerais écrire, simplement, le livre que j'aimerais lire.

L'époque malade de n'avoir plus d'enthousiasme.

Le sexe devenu l'axe du vide, un puits sans fond.

Je pense à l'ami inconnu en écrivant à l'ami connu.

Si je me livre, c'est pour me délivrer.

L'enfer ce n'est pas les autres, ce n'est que notre mauvais moi.

Si tu veux savoir ce qu'untel pense de toi, écoute Madame.

Miettes de mémoire, Paris, Nil Éditions, 1998

Geneviève Rousseau (1926 - 2001)

Journaliste et critique d'art

La confiture se souvient de l'été, mais avec une douceur artificielle.

Le klaxon n'a jamais concurrencé le coq.

Elle voulait qu'il devint transparent. Il lui a rendu ce dernier service ! Elle a passé à travers lui sans le voir.

La curiosité l'emportera toujours sur la peur de mourir.

Ils cherchent obstinément à qui l'enfant ressemble. Heureusement, à personne !

Les intermittences du cœur ? On ne fait pas un amour de ces à-coups.

Tout écrivain qui écrit mériterait salaire. Il travaille dans son cœur et laisse le reste du monde tranquille.

Pensées, in *Le Spantole*, n° 286, 1992

Richard Ruben (1967)

Humoriste, spécialiste du one man show

La téléréalité est le génocide des artistes.

Du pain et des dieux.

Ton seul concurrent n'est pas l'autre, mais la paresse.

Pourquoi n'y aurait-il pas une vie après la mort ? Il y a bien un cocktail après la crémation.

Le plus dur dans un divorce, c'est qu'on aura la garde des amis.

La pratique de la lecture est le seul moyen d'éviter la gangrène du cerveau.

L'obscurantisme, c'est la barbe qui cache l'affolé.

À Paris, toutes les femmes sont belles, même les moches.

Je vous ai apporté mes bons mots, Bruxelles, Éditions Lamiroy, 2016

Jérémie Sallustio (1988)

Écrivain, enseigne la littérature française à l'université de Silésie (Pologne)

Les moulins à paroles brassent un vent sémiotique.

Jésus avait très certainement le pied marin.

Il suffit parfois de se surprendre dans un œil-de-bœuf pour vivre une métempsychose.

Tu es brillant, mais tu ne finiras pas en poussière d'étoile.

Hausser les épaules ne vous élève pas au rang des stoïciens.

Il est des recoins du silence qui ne manquent pas de brouhaha.

Dieu est maure.

Il grinçait des dents devant l'absurdité des portes.

Trois petits points de suspension parsemés d'allumettes et de pied de nez, Lille, Éditions Sans qu'il soit besoin, 2013

Pascal Samain (1958)

Romancier, chroniqueur rock
Grand prix de l'humour noir 1990
pour *Les trous de la rue Lartoil* [43]
L'auteur déclare avoir raté toutes les études
qu'il n'a pas entamées.

Il y a des jours comme ça où l'évidence s'impose que la vie s'arrête le jour de la naissance.

Il y a des jours comme ça où mettre un pied dehors, c'est d'office construire une maison.

Il y a des jours comme ça où la fatigue est la bienvenue.

Il y a des jours comme ça où la planète Terre n'est même pas celle des singes.

Il y a des jours comme ça où la pluie tombe nulle part.

Il y a des jours comme ça où entamer un dialogue, c'est comme choisir une cellule à deux places.

Les octets de Pascal Samain (écrivain si l'on veut), 2001-2017 :
http://www.pascalsamain.be/

43 Paris, Julliard, 1990

Marc Sanders (1951)

Licencié en droit, juriste,
pataphysicien, collagiste,
réalise des détournements d'objets
Son fil rouge : l'humour décalé, l'ironie et le clin d'œil

Philosophie vache : je suis donc je suis.

Une vache ambitieuse ne va pas plus loin qu'une autre.

Une vache qui se trait fait de l'autosatisfaction.

Toute vache bien portante est une déportée qui s'ignore.

Traire les vaches, oui ; les distraire, non !

Le pire, pour une vache, c'est que son pis joue au plus fin.

Pas plus juré comme ennemi bonasse d'une vache qu'un broute en train.

Folles vacheries, Havelange, Éditions de l'Hélicon, 2003

Louis Savary (1938)

Animateur socio-culturel en expression corporelle,
art dramatique et cinéma
Auteur de plus de 30 recueils d'aphorismes
dont chacun aborde une thématique différente

Une goutte d'eau n'est rien, une de trop, c'est le déluge.

Le chant de l'eau éveille la fécondité.

Aux termes de la vie, l'eau n'a cure d'au-delà.

Le cours de l'eau n'en finit pas de chuter en bourse.

La bêtise est de toutes les cultures.

Nul n'admet être un sot, tout au plus de l'avoir été.

Jetez vos enfants à l'eau, ceux qui referont surface sauront vous vénérer.

Tant qu'il y aura des hommes sur la terre elle aura toutes les raisons de se méfier.

Baignade interdite, Paris, Éditions Arcam, 1999
Terre à taire, Paris, Éditions Arcam, 2000
Le B.A.BA de la bêtise, Paris, Éditions Arcam, 2007

Philippe Schoepen (1964)

Copywriter, publie des aphorismes sur son blog

Rire, c'est reprendre des farces.

Une assurance-vie prévoit-elle une période d'essai ?

On n'est jamais si bien applaudi que par soi-même.

Écrire, c'est choisir.
J'ai choisi d'écrire.

Les polyglottes n'ont-ils qu'une parole ?

L'urgent ne fait pas le bonheur.

Une page blanche est un paradis d'espaces.

L'embarras du choix rend-il les indécis heureux ?

Blog : www.dekapecopywrinting.be

Louis Scutenaire (1905 – 1987)

Écrivain et poète
A fait partie du groupe des Surréalistes bruxellois
Il a légendé de nombreux tableaux de son ami Magritte

À bon moulin tout fait farine.

N'oublions pas que nos maîtres ont des âmes d'esclave.

L'inconscient se venge la nuit.

La liberté, c'est l'indifférence.

Atchoum, c'est un peu d'éternuité.

Nous vivrons dans la mémoire des hommes qui n'en ont pas.

Les imbéciles éprouvent le besoin de se renouveler.

Le pessimisme est l'optimisme du pessimiste.

Mes Inscriptions (1943-1944), Paris, Gallimard, 1945 ; réédition, Bruxelles, collection Espace Nord, Éditions Labor, 1990
Mes Inscriptions (1945-1963), Bruxelles, Isy Brachot et Tom Gutt, 1976 ; réédition, Paris, Éditions Allia, 1984 & 2016
Mes Inscriptions (1964-1973), Bruxelles, Brassa, 1981.
Mes Inscriptions (1974-1980), Paris, Le Pré-au-Clerc, 1984
Mes Inscriptions (1980-1987), Bruxelles, Brassa, 1990

Gilbert Senecaut (1925 - 1997)

Poète, collagiste, il fera partie du groupe
des Surréalistes bruxellois
Il financera la première série des Lèvres Nues

La nuit ne dure qu'une seconde, la première.

En français dans le sexe.

Effet de dos, effet de col.

Mourir en bonne santé.

Le crime ne paie pas, le travail non plus.

Le grand mystère, c'est qu'il n'y en a pas.

Mon but dans la vie : aujourd'hui.

Dieu ne croit pas à l'homme, in *Les Lèvres Nues*, n° 5, 1955

Sic (1974)

Pseudonyme de Silvia Cicchirillo
Joueuse de mots, scénariste, enseignante

L'obésité, c'est mourir des mets.

André Breton était normand.

L'aviron c'est pas gai.

Une introspection chez une auto-psy.

Il s'est noyé parce qu'il avait du vague à l'âme.

Il paraît que l'homme invisible a disparu.

Faut-il se faire vacciner pour se rendre au Pays de Galles ?

Comment mettre de la gelée de coings dans des pots ronds ?

Sic & PAD'R, *On n'est pas pressés*, Préface de Jean-Luc Fonck, Amougies, Cactus Inébranlable éditions, 2013

Olivier Smolders (1954)

Cinéaste, écrivain, essayiste, professeur
et maître de conférence

Il faudrait interdire l'imagination.

Moins je pense, plus je suis.

Ma bêtise me console des autres.

L'instruction ne forme que l'ignorance, pas la bêtise.

Pensez toujours à autre chose.

Noyez vos tempêtes dans un verre d'eau.

Faites toujours l'imbécile, pas le malin.

Lancez tous les matins votre cri de guerre : « Moins de savon, plus de saveur ! »

Expérience de la bêtise, Crisnée, Editions Yellow Now, 2001

Andrée Sodenkamp (1906 - 2004)

Poète, essayiste,
inspectrice des bibliothèques publiques

Tu es ce que tu penses. Prends garde, cela se voit.

La paresse
Elle vous protège de la fortune et de l'infarctus.

En politique, de quelque parti qu'il soit, l'orateur voit rouge.

La mauvaise humeur est ta prison, ne la prends pas pour ta liberté.

La sottise fulgure parfois comme un mot d'esprit.

L'humour, l'aimable façon de se consoler d'être intelligent.

Je comprends que les vieilles fées se fassent sorcières ; c'est tout ce qui leur reste pour s'amuser.

Paroles, in *Le Spantole* n° 286, 1992

(Le) Spantole [44]

Revue trimestrielle et maison d'éditions fondée par le poète et académicien Roger Foulon qui était aussi président des Artistes de Thudinie. Elle paraît d'abord sous le nom des *Feuillets du Spantole*. Au décès de son créateur, c'est son fils, Pierre-Jean qui prend la succession. Le Spantole ouvre ses pages à des très nombreux artistes, poètes et écrivains, ainsi qu'à des créateurs d'aphorismes. Aujourd'hui, l'éditeur responsable en est Thierry Haumont. Jusque fin 2017, la revue a paru sous sa forme traditionnelle, pour devenir aujourd'hui une publication annuelle.

Raymond Cornez [45]

Chacun trouve son malheur où il le cherche.

Je suis assez vaniteux pour me faire du tort afin de me distinguer !

C'est un peu fort de réveiller le chat qui dort.

Pour les râleurs, la vie est une longue agonie.

Il n'est de conscience que mauvaise.

Patrice Blanc [46]

Absence de rêve n'est pas absence de vie.

Face à moi-même, je suis à mon propre compte.

La poésie donne envie d'écrire, non de vivre.

Seul le rêve habite la réalité.

La vie se nourrit de sens.
La mémoire se nourrit de temps.

---

44 http://www.editionsduspantole.be/

45 *Propositions*, in *Le Spantole* n°263, 1991

46 *Carnets*, in *Le Spantole*, n°338, 2004

André Stas (1949)

Plasticien, collagiste, écrivain, pataphysicien,
mémoire (sur-)vivante du surréalisme
Auteur en 1972 d'un mémoire sur l'aphorisme [47]

Entre la plume et le marteau étincellent des aphorismes.

La sagesse, c'est ne plus jamais claquer une porte.

Les grandes douleurs sont sourdes.

L'homme est un zizi pensant.

Qui veut noyer son chien policier l'accuse de bavure.

Il n'est pire sourd que celui qui se fait tirer l'oreille.

Si je n'existais pas, abstenez-vous de m'inventer.

Je ne parlerai qu'en présence de mon avocat du diable.

L'embrouillamaxi, Morlanwelz, Les Marées de la nuit, 1997
Les radis artificiels, Saint-Quentin de Capelay, Les Ateliers du Tayrac, 2003
Le pas sage à l'acte, Amougies, Cactus Inébranlable éditions, 2014
Demain, on phrase gratis, Amougies, Cactus Inébranlable éditions, 2015
Les pets de Damoclès, Amougies, Cactus Inébranlable éditions, 2018

47 *Pour une approche de l'acception d'aphorisme au XXe siècle, et principalement chez Achille Chavée,* Mémoire présenté pour l'obtention du grade de Licencié en Philologie Romane, ULg.

Jacques Sternberg (1923 - 2006)

Romancier, pamphlétaire, nouvelliste, collagiste, journaliste et chroniqueur

La serviette n'est jamais qu'un torchon qui a réussi.

À chaque jour suffit sa peine, à chaque être sa famille.

Que de gens, avant le grand sommeil, traversent leur vie en somnambule.

La politesse, fille de la diplomatie et de l'escroquerie notoire.

La faim justifie les moyens, mais on a rarement les moyens quand on a faim.

Les hommes vraiment pieux, on devrait en faire des clôtures.

Comment ira celui qui mourra le dernier ?

La consommation n'a jamais été que la sommation des cons.

Les pensées, Paris, Le Cherche-Midi, 1986
Divers faits, Amougies, Cactus Inébranlable éditions, 2016

Jean Stienon du Pré (1905 - 1986)

Poète, nouvelliste, essayiste, membre du groupe Unimuse

C'est en marchant à l'ombre qu'on apprécie l'été.

La mer embrumée respire par les bouées.

Quand passent les nuages, on regarde le ciel.

L'esprit brûle, toutes portes ouvertes.

La vertu est un glaive dont on ne voit que la garde.

La main fine, non la langue, montre l'écrin.

La solitude est un verre d'eau où fond un morceau de sucre.

La flamme n'a pas toujours l'éclat du chandelier.

Magnificence, Bruxelles, Éditions des Artistes, 1966

Michel Tack (1962)

Enseignant, publie dans divers journaux et revues (Écrits Vaints, Le Spantole)

Le comble de la niaiserie ? Croire que les eunuques le sont de père en fils.

Dans l'adversité, le bonheur des autres nous insulte.

« *Arare humanum est* », telle est la devise du gai laboureur.

L'on rêve de mourir d'amour et, plus prosaïquement, on se fait bêtement écraser par un autobus.

Nous pouvons pardonner à autrui le mal qu'il nous fait. Pas celui que nous lui faisons.

Qui donc a dit que l'acupuncture n'était pas une médecine de pointe ?

Elle était affreusement belle.

in *Aphourismes à lier*, voir bibliographie

Fredy Taminiaux (1939)

Peintre, sculpteur, poète et écrivain
Instituteur
Membre du groupe Les Racines du Manoir

Ne place pas ton idéal sur des sables mouvants.

Bien souvent, violence rime avec ignorance.

Le silence est plein d'oreilles.

C'est en jouant aux dames qu'on apprend les échecs.

Le rêve est toujours libre.

Le paradis nécessite beaucoup d'entretien.

Les coquelicots se mouchent dans leur sang.

Il y en a qui s'accordent mais qui ne s'entendent pas.

Les comptes du petit granit, Wallers-en-Fagne, « Les Tamineries du Meunier », 1992
L'agenda d'un penseur libre, Wallers-en-Fagne, « Les Tamineries du Meunier », 2008

Jean-Paul Thaulez (1949 – 2018)

Poète, auteur, dessinateur de BD, compositeur, interprète
Inconditionnel de l'œuvre d'Achille Chavée

Le monde est un quadrilatère incontinent.

Aimer sa moitié dans un demi-sommeil.

Le cœur est un moteur à explosions.

Personne ne vit heureux jusqu'à la fin des temps.

Marie a fait un bébé toute seule.

Le souvenir d'une flamme éteinte, c'est un sourire vertical.

Quand on est au fond, les murs sont lisses.

D'abord essuyer l'affront.
Le laver ensuite.

Baisers à l'Aspartame, Paris, Éditions de la Syllepse, 2000
Le théorème du pitre, Paris, Éditions de la Syllepse, 2001

Marc Tilman (1957)

Professeur de mathématiques, passionné par la littérature, le surréalisme et les aphorismes

Un jour, je ne serai jamais adulte !

Maints jours gras sont gris.

Activité totale pour cessation de liquidation.

Un écrit bâclé n'est peut-être qu'un prétexte.

Ascètes.
Ainsi vivent les vrais nains.

Ma chérie, cette nuit, je lègue mon corps à ta science.

Le fautif portait une perruque.

Autant en emporte le temps.

Blasphèmes à tout vent, Amougies, Cactus Inébranlable éditions, 2016

Michel Torrekens (1960)

Romancier, nouvelliste, critique littéraire

L'amour de Dieu n'est-il pas un pis-aller ?

Le premier lecteur qui devrait tuer tout écrivain, c'est lui-même.

Un bon pédagogue devrait garder la mémoire du premier geste.

Les plages sont des lieux d'amnésie.
Collective en été. Solitaire en hiver.

Le doute mine. La Foi conserve.
Mais attention de ne pas finir en conserves.

L'oubli rend supportable la mort lente des choses, la mort tout court.
Et l'habitude lui sert de sillon.

Aphorismes, in *Le Spantole* n° 302, 1996

Freddy Tougaux (1968)

Pseudonyme de David Greuse
Comédien, humoriste, chanteur,
youtubeur, chroniqueur
Grand prophète de la philosophie post-positive
et chantre de l'anti bling-bling

Quand on a une tête d'ampoule, il faut du culot pour briller.

Dans certains cercles, quand on aime, on compas.

Tous les chemins amènent des Roms.

Chaque fois qu'on nous coupe la parole, on subit une blablation.

Tomber dans les pommes, c'est faire une saint-compote.

La soif de revanche peut conduire à la mise en bière.

Les météorologues se trompent de temps en temps.

Unique double sens / Double sens unique, Amougies, Cactus Inébranlable éditions, 2016

Pierre Tréfois (1953)

Piéton provincial, intermittent de la plume
(aphorismes, dessins, poèmes)
Objecteur de barbarie, d'obédience écosocialiste

Faire des ricochets avec ses propres pierres aux reins.

Anagramme sentimentale
Les femmes de ma vie : drames, dreams.

Villa Mon Rêve !
En dehors des lieux communs, il n'avait pas de domicile fixe.

Cunnilingus, fellations : et on prétend que le latin est une langue morte !

Je dessine comme je suffoque ; j'écris comme je respire.

Tout homme en érection est un jusqu'au boutiste.

L'écriture ? C'est encore ce qu'on fait de moins acrobatique avec un stylo.

Du chaos provisoirement établi, Châteauroux-les-Alpes, Gros Textes, 2009
Tropique du suricate, aphorèmes, Châteauroux-les-Alpes Gros Textes, 2012
L'empreinte ironique, Châteauroux-les-Alpes Gros Textes, 2016

Guy Trezel (1925 – 1980)

Pseudonyme de Bernard Lories
Scientifique de formation
Poète, membre d'Unimuse

Au cœur du passant court sa lisière d'amour.

L'âge saigne.

Ici je me sépare.

Que les jardiniers dérisoires sablent ces espaces faillibles !

Exempt de maintien, libre.

La rose relève sa prose d'or.

Marche éclairante. L'orage me sème.

On n'accorde point de séjour au pourvoyeur d'incertitudes.

À portée de nuit, Bruxelles, André Derache éditeur, 1975

Laurent d'Ursel (1959)

Économiste, philosophe, plasticien, enseignant
« Un artiste qu'on ne présente plus ! Ça tombe bien,
il n'est pas présentable ! [48]»
Animateur de l'asbl Douche Flux
et du collectif Manifestement[49]

Les débiles manteaux : AU VESTIAIRE !

L'efficacité est un caprice parmi d'autres.

Paie ta femme : si tu ne sais pas pourquoi, elle le sait.

Il n'est pire croyant que celui qui ignore avoir la foi.

La tolérance zéro est contagieuse.

Ne fais pas ce que tu dis ; veux ce que tu fais.

Au diable les écrivains heureux !, Bruxelles, La Cinquième Couche, 2004 (Prix Gros Sel 2007)
À dire vrai, j'abandonne, Bruxelles, La Cinquième Couche, 2008.
Batia moûrt soû n° 62, juin 2010

48 Sur son blog : http://www.loeuvrette.be/
49 Collectif faisant de la manifestation une forme d'art contemporain.

Geert Van Bruaene (1891 – 1964)

Surnommé « Le petit Gérard »
Marchand d'art, faussaire, ami de Magritte et de Mariën
Fréquente les surréalistes bruxellois, propriétaire de l'estaminet « La Fleur en papier doré »

Tout homme a droit à 24 heures de liberté par jour.

La terre brûlée n'altère pas la qualité du soleil.

Nul ne peut être plus malheureux que soi-même.

Certes, nous ne sommes pas assez rien du tout.

On peut faire des fautes d'orthographe, mais pas en inventer de nouvelles.

Rien n'est plus faux que l'original.

C'est devant le miroir qu'on peut se connaître un peu de vue.

Le droit de ne pas se réfléchir est un des premiers de l'homme libre.

Le Livre d'Or de la Fleur en Papier Doré, (plaquette auto-éditée), Bruxelles, 1951
Rick Sauwen, *Geert Van Bruaene, Le petit homme de rien,* Verviers, Temps Mêlés (105-106), 1970

Arnaud Vander (1942)

Psychopédagogue de formation
Bibliothécaire, romancier et nouvelliste
Son talent est inversement proportionnel à sa modestie

À force de vouloir être dans le vent, on risque de s'enrhumer.

Je lui ai offert un morceau de brouillard coupé au couteau.

Les cyclones sont toujours borgnes.

Le temps passe, mais nul ne sait où il va.

Le passé est la vieillesse de l'avenir.

La bêtise est la paresse de l'intelligence.

Le matin était si gris que les oiseaux se sont recouchés.

Il pousse parfois des mauvaises herbes dans le jardin secret.

L'évangile selon Saint-Frusquin (aphorismes, haïkus, apophtegmes et autres trucs dans le genre), Paris, Édilivre, 2007
La petite bêbete qui monte, qui monte, Paris, Édilivre, 2015

Luc Van Malderen (1930)

Architecte, graphiste, artiste plasticien
Titulaire de l'atelier de communication graphique
de La Cambre

Le temps a bien le temps.

Et l'homme créa Dieu.

Ceux qui aiment voyager voyagent, les autres posent des questions.

L'autre jour, j'ai rencontré Dieu.
Il ne m'a pas reconnu, moi non plus.

L'art est ce qui n'est pas mouillé par la pluie.

Le pathos, c'est déjà le chaos.

Pour voir l'espace, il faut l'encombrer.

L'art est spécieux, voire capiteux.
Plus que l'on pourrait le croire et moins que l'on pourrait le penser.

Parade, La Louvière, Centre de la Gravure et de l'Image imprimée de la Communauté française de Belgique, 1998

Raoul Vaneigem (1934)

Écrivain, philosophe, enseignant, membre de l'Internationale Situationniste de 1961 à 1970

Ce qui socialise tue.

Les mœurs policées ont tôt fait de devenir des mœurs policières.

On a les aveuglements qu'on mérite.

Tolérer toutes les idées n'est pas les cautionner. Tout dire n'est pas tout accepter.

L'argent seul compte, car il est tout et permet tout.

L'obscurantisme a toujours été le mode d'échange du pouvoir.

Ce qui est mieux connu est mieux compris et mieux aimé.

Autorisez toutes les opinions, nous saurons reconnaître les autres.

Nous qui désirons sans fin, Paris, Gallimard (Folio actuel), 1998
Rien n'est sacré, tout peut se dire, Bruxelles, Éditions de la Découverte, 2003

Jean-Pierre Verheggen (1942)

Écrivain et poète, *torpilleur de la langue, jouisseur des mots,*
chargé de mission spéciale à la Promotion
des Lettres françaises de Belgique
Grand Prix de l'Humour Noir, à Paris, 1995

On n'est pas sérieux quand on a 117 ans.

Quand il pleut les invités arrivent goutte à goutte.

Après la pluie, une autre pluie.

Ma bible ? Bibible Fricotin !

Ce que je range dans ma musette plaît à mon museau.

La Suisse ? le pays où les chiens ne chient pas.

Ça te va bien d'être déshabillée comme ça !

Je crois en la résérection Éternelle.

Un jour je serai Prix Nobelge.

Ridiculum Vitae, Paris, Poésie / Gallimard, 2001
On n'est pas sérieux quand on a 117 ans, Paris, L'Arbalète / Gallimard, 2001

Jean-Paul Verstraeten (1946)

Graphiste, collagiste, adepte de la dérision et de l'absurde
Cofondateur de la Cadémie de 'Pataphysique de Montegnet
Instigateur de la feue la revue Catarrhe

Chat qui aboie ne mord pas.

Faire l'amour avec une femme obèse est quelque chose d'incontournable.

La coquille Saint-Jacques se composte-t-elle ?

Remonter le Missouri peut être épouvantable pour un chat.

Qu'est l'homme face à son destin ? Surtout si c'est un destin grêle.

Ancien mannequin cherche emploi de potiche.

Proverbe bourguignon : c'est au pied du mur qu'on reconnaît le colimaçon.

Donner un coup de pied dans les jambes n'est pas un fait moral.

In *Catarrhe*

Désiré Viardot

Pseudonyme de Marcel Havrenne
Publie sous ce nom dans la *revuette* « Poubelle »

L'argent n'a pas d'odeur mais il ferait puer tout le reste.

On ne se souvient guère des morts que pour en incommoder les vivants.

Il sied au progrès de respecter ce qu'il remplace.

Une maxime doit être un fruit de l'arbre de la vie.

L'image la plus exacte de l'esprit français est la langue française elle-même.

Ripopées, sous le pseudonyme de Désiré Viardot, Phantomas, 1956 ; réédite par « À l'improviste », 1998

Marie-José Viseur (1915 - 1999)

Poétesse, nouvelliste, membre de l'AEB
et de l'Association Royale des Écrivains Wallons

On n'embroche pas l'éternité avec des pinces à linge.

Je n'ai plus d'ailes pour escorter le vent.

Interjeter tendresse quand la passion est déboutée.

On n'atteint pas sa démesure en marchant au pas.

Le poème est l'aveu, sous seing privé, de l'invisible.

Accoster à la rive vaut bien de traverser la condition humaine.

L'infini d'un instant suffit à l'infini du pardon.

La quête commence où finit l'entendement.

Adagios, La Hulpe, Éditions du Gril, 1992
Errances, Valenciennes, in *Cahier Froissart*, 1992

Robert Vivier (1894 - 1989)

Poète, romancier et critique
Il entre à l'Académie royale de langue et
de littérature françaises de Belgique en 1950
où il occupe le fauteuil de Maurice Maeterlinck

La vie a parfois besoin d'oublier qu'elle est au travail.

Le vent chaud de juillet aime les drapeaux.

La journée prend ses aises.

Vivre c'est s'éveiller, s'éveiller, s'éveiller.

Le plus doux des rêves de la terre est le printemps.

Se retrouver, c'est réfléchir. Pourquoi notre époque ne sait-elle plus se retourner ?

La fin de mai et le début de juin, c'est la puberté de l'année.

Ordonner, c'est simplifier et simplifier, c'est mentir.

Le calendrier du distrait, Bruxelles, La Renaissance du Livre, 1961

Michel Voiturier (1940)

Enseignant, poète, écrivain, nouvelliste, chroniqueur, dramaturge et critique d'art

En dépit de son désir
la clé ne possède pas la serrure.

Une guerre ne fait de cadeau
qu'au bourreau.

L'emballage vaut le cadeau.

Le chemin de ronde aboutit l'espace.

Toucher n'est pas aimer.

Persévère jusqu'au fabuleux.

Elle vécut ce que vivent les modes.

Même sciés
les barreaux ne sont pas couleur ciel.

Allez les vers, Bruxelles, Labor, 1993
Habiter l'image, Amay, L'Arbre à Paroles, 2006

Jacques Wergifosse (1928 – 2006)

Poète surréaliste, très lié à Magritte
« Jacques Wergifosse n'a cessé d'écrire sous le double signe du désir et du plaisir. »[50]

Le propre de l'homme, c'est le bonheur.

Surréalistes, si vous voulez voir, oubliez le surréalisme.

Homo Sapiens n'est pas encore tout à fait un homme.

Le joueur a perdu ses dernières plumes de paon.

Le ciel était si blanc
qu'il était rose à l'horizon.

Si, nous irons au bois !
On se fiche des lauriers !

Rien ne sert de l'ouvrir,
il faut couvrir à point.

Toute fierté bue
l'homme rabattit ses oreilles.

Œuvre (presque) complète, trois tomes, Bruxelles, Les trois petits cochons, 2001 [51]

50 Paul Charles in Le Carnet et les Instants.

51 Projet dont les maîtres d'œuvre furent André Stas et Tom Gutt.

Denis Willems (1951)

Photographe, parolier
Publie sous le pseudonyme de LeSio

Âge
À partir de quel âge devient-on jeune ?

Alcoolisme
L'alcoolisme, c'est payer la mort en liquide.

Connerie
La connerie est le cancer de l'esprit.

Éclair
L'éclair, c'est quand la météo dédicace le temps.

Esprit
L'esprit est un luxe qui ignore le confort.

Montre
Une montre chère rend-elle l'heure plus belle ?

Paysage
Qui plante le décor récolte un paysage.

Pornographie
La pornographie commence là où l'érotisme s'essouffle.

Une huître, Paris, Édilivre, 2017

Liliane Wouters (1930 – 2016)

Poète, auteure dramatique, essayiste, anthologiste
membre de à l'Académie royale
de langue et littérature françaises de Belgique
Coauteure avec Alain Bosquet de *La Poésie francophone de Belgique* (anthologie en quatre volumes)[52] et de *Poètes d'aujourd'hui. Un panorama de la poésie francophone de Belgique.*[53]

Je nomme donc je suis.

Le fou habite le présent
et le sage l'éternité.

Je suis Jésus écrivant sur le sable.

Tous les chemins conduisent à la mer.

Mon ombre aussi se met debout.

On n'arrête pas une vie
avec la mort.

Tous ceux que je connais me laissent sur ma faim.

Je te suivrai quand s'ouvrira la porte.

Journal du scribe, Bruxelles, Les Éperonniers, 1990

---

52 Éditions de l'Académie royale de langue et de littérature françaises, Bruxelles, 1992

53 Anthologie, en collaboration avec Yves Namur, Le Taillis Pré (Châtelineau) / Le Noroît, (Montréal - Québec), 2007

Chapitre 6

Coups de cœur
&
coups de chapeau.

L'eau oxygénée ne manque pas d'air.

Gérard Adam

Le jour où je devrai mettre de l'eau dans mon vin, je prendrai un verre de bière.

Luc Baba

Une porte en bois devient vite une porte de bois.

Willy Bal

Qui peut peu, peut mieux

Jean Bauwin

Les mots portent nos ombres.

Guy Beyns

Le progrès, citoyen, est au fond de la cour.

André Blavier

Marcher sur des flots pour sortir des sentiers battus.

Émile (Milou) Boekens

Limiter l'empreinte des naïvetés savantes.

André Bosmans

Les phares n'éblouissent que les évidences.

Roger Cantraine

Ne neige pas qui veut.

Capitaine Lonchamps

La boue est bien autre chose que de la terre battue.

Eddy Cludts

Le tour du jour en 80 mondes.

Olivier Cordier

Loin de la vérité, les mots meurent tout seuls.

Fernand Crommelynck

Les enfants des autres sont légers à porter.

Francis Dannemark

Le piano égrène les notes que plus personne ne joue.

Maryline De Backer

Bouche close
le temps s'envole

Gilbert Delahaye

L'eau pétillante est le rire de la pluie.

Alain Delbrassine

Buée dans les yeux, nuée dans les cieux.

Louis Delwiche

Un puits de science n'est jamais sans fond.

François Desier

Si Dieu existe, qu'il se dénonce.

Frédéric Deville

Chaque jour mange de mon pain.

Eddy Dewilde

Il est des vérités que la pluie dénude.

Claude Donnay

Les seins des fées sont les perles du cœur.

Fernand Dumont

Comme c'est étanche.

Éric Durnez

Il ne faut pas confondre un oncle mort prématurément et une tante hâtive de suicide.

John Ellyton

La mer n'a qu'une maîtresse, la lune.

Isabelle Fable

Les vieux sont des jeunes qui ont vieilli.

Jean-Luc Fonck

Le rêve est un papillon qui butine le matin.

Roger Foulon

Poule mouillée n'est pas poule d'eau.

Sylvain Gerrebos

Le givre est le mascara des prairies.

Françoise Gilot

Le boucher est un vétérinaire qui a mal tourné.

Globule[54]

Je suis le Raspoutine des géographies.

Robert Goffin

La vie : une aventure où rien n'a rive.

Christian Goniau

Aux flics : « Faites pas chier, j'ai pas de papiers. »

Jean-Philippe Hanart

N'écoute que toi-même.

Franz Hellens

Il se protégeait souvent à l'ombre d'un doute.

Frank Herlemont

54 Pseudonyme de Marc Cordemans.

Coupez-lui la tête / Ça lui fera les pieds.
Ils ont cru me faire marcher !

Corinne Hoex

Trois oiseaux chantent, trois soucis éclosent.

Irine[55]

La folie t'aime à la folie.

Jacques Izoard

Le soleil debout remise ses draps.

Jean-Marie Kajdanski

Tout ombre prisonnière aspire son espace.

Mimy Kinet

On devrait toujours pouvoir regarder l'envers des choses.

Marianne Kirsch

J'écris tous les jours et tous les jours m'écrivent.

Philippe Leuckx

Un vent chasse un autre vent.

Jacques Lizène

L'arithmétique n'a jamais pu empêcher le bonheur.

André Lorent

55 Pseudonyme d'Irène Hamoir, l'épouse de Louis Scutenaire.

Plus on est de fous, plus on périt.

Jean-Marie Luffin

Ce n'est pas le bonheur qui nous manque, c'est la sirène du bonheur.

Maurice Maeterlinck

Les petits poissons font les grandes fritures.

Luc Malghen

Je suis probablement plus petit que ma vie.

Lucien Noullez

Le pommier s'en fout de la pomme puisqu'il l'a faite.

Ghislain Olivier

Il est cinq heures, je n'ai pas soleil.

Willy Parfondry

La règle du clair-obscur a commencé.

Marcel et Gabriel Piqueray

À force de mâcher ses mots, il contracta une gastrite, ce qui le rendit muet.

Ernest Pirotte[56]

Dieu est sécurité
L'homme a besoin de vérité.

Léonce Poliart

56 Pseudonyme de Pol Bury.

L'espace, c'est la liberté de l'esprit.

Georges Poulet

Au début était le verbe et parler, ça fait du bien.

Olivier Prignot

Pour un aveu tant de silence.
Que de vains mots pour un poème.

Paul Roland

Il nous reste un fragment de réel à inventer.

Anne-Clotilde Roose

La source n'a jamais soif.

Henri-Jean Ruttiens

Quand tu n'envieras plus ni banquise ni mousson, estime-toi prêt.

Frédéric Saenen

L'avenir est fragile dans les bulles de savon.

François Salmon

Pied à pied versifier et pas à pas pèleriner.

Louis Sarot

Ma mémoire est une morgue.

Jean-François Saudoyer

J'affirme sur l'honneur que je n'ai rien à voir avec moi-même.

André Schmitz

Je n'ai rien à dire, comment me taire ?

Claude Semal

Il ne suffit pas de changer le monde, il faudra aussi changer le papier à tapisser de la chambre.

Timoteo Sergoï

Les gens vraiment dangereux portent en général un smoking.

Georges Simenon

Tout est illusion
Surtout de croire pouvoir s'en passer.

Patrick Sluys

Refaire aux morts une virginité.

Monique Thomassettie

Je pense, donc je dis ?

Sam Touzani

Massacrez la sainteté
Elle reviendra toujours.

Christine Van Acker

Une fleur invente la perfection du monde.

Fernand Verhesen

Il faut parler plus bas que les sources pour se faire entendre des hommes.

Jacques Viesvil

Qui boit le bénitier n'en pisse pas plus saint.

Patrick Virelles

Dévergondage et persiflage sont les mamelles du crime.

Michèle Virlet

La lumière viendra du côté de l'arche.

Jean-Luc Wauthier

Le paradoxe d'un bonheur sans nuages, c'est qu'il annonce une pluie d'ennuis.

Paul Yernaux

Postface

Arrivé au terme de la lecture de cette anthologie se pose cette insoutenable question : qu'est-ce qui peut bien unir tous ces auteurs ? L'amour des mots, sans doute ; le plaisir de jouer avec la langue, le goût de la formule, du jeu d'esprit, de l'évocation métaphorique, le bonheur de tordre le langage, de gambader dans les champs sémantiques pour y faire pousser de belles formules, de s'amuser avec la sonorité de la phrase, oui sans doute que ces aphoristologues sont de grands enfants qui se divertissent ainsi.

Mais tout n'est pas ludique dans l'aphorisme. Il y est aussi question de sens. Si nous écartons les maximes sentencieuses, voire moralisatrices, il reste des formules qui invitent à la réflexion sur des thèmes graves ou légers ; certains aphorismes n'existent que pour la beauté de l'énonciation, ils sont une fin en soi et d'autres sont explosifs, ils éclatent à la figure du lecteur comme des hurlements de révolte ou de mépris, comme des cocktails Molotov élaborés avec les mots de la langue. L'aphorisme peut donc révéler une tendre affection, un message d'espoir, une déclaration d'amour, mais il se peut aussi qu'il porte le ferment d'une colère, d'une indignation ou qu'il verse dans l'irrévérence voire même la critique sociale. Tout lui est permis !

Dans cette pérégrination qui traverse plus d'un siècle de littérature se côtoient des poètes, des auteurs dramatiques, des romanciers, quelques humoristes, l'un ou l'autre chanteur ; certains auteurs font partie de courants artistiques, d'autres pas, l'idée n'est de toute façon pas de les réunir, de les assembler, de les apparier, mais de les découvrir chacun pour ce qu'ils font, pour ce qu'ils disent, de les savourer, de se lancer dans d'autres aventures de lecture parce qu'à l'évidence, certains de ces auteur(e)s en ont produit des centaines et qu'éventuellement, ce répertoire donnera envie au lecteur de pousser plus avant sa quête, c'est l'une des ambitions de l'auteur.

Le travail réalisé par Michel Delhalle est colossal ! Cette anthologie est le fruit d'années de lectures, de mois de chasse et de traque pour débusquer certains anonymes qui publient parfois leurs pépites sur leur blog ou sur les réseaux sociaux. Certains usent de pseudonyme, d'autres ont autoédité leur production.

Si notre petite maison d'édition existe, si parfois elle a les honneurs de la presse et de la critique, c'est parce qu'elle contribue à défendre l'aphorisme comme étant un mode d'expression littéraire à part entière, avec ses vedettes, ses pratiquants et surtout son lectorat. Aujourd'hui, ce ne sont pas moins de cinquante ouvrages qui ont paru dans notre collection P'tit Cactus[57] et Michel Delhalle s'y trouve bien au milieu de ses complices.

Dans la préface de son recueil *La rechute d'Icare* paru en 2015, j'avais écrit ceci :

Dans cet univers de bricoleurs ou de peaufineurs du langage, un petit bonhomme nerveux est omniprésent : Michel Delhalle – ce spécialiste de Jules Renard et d'Achille Chavée à propos desquels il anime de chatoyantes conférences –, collectionne depuis des années les bons mots, les brèves de comptoir, de trottoir ou du bazar, les belles phrases qui se disent à gauche ou se publient à droite. Il les note, les mémorise, les stocke et doit en posséder une des plus belles collections qui soient. Voilà bien un homme à qui un éditeur pourrait dérouler un tapis rouge pour qu'il réalise une anthologie, même partielle, de ce qui s'est fait et se fait de mieux en matière d'aphorisme.

57 Voir le catalogue en fin de livre.

Le message passa et c'est sûrement la certitude de voir publier cette *Anthologie subjective* qui conforta Michel dans l'idée de rassembler les innombrables bouts de papier qui envahissaient son bureau pour les trier, les classer, les collationner et les mettre en ordre pour en faire une sorte de catalogue.

Notre objectif en publiant cet ouvrage est de partager une passion car, sans vouloir faire du prosélytisme[58], nous observons souvent, lors d'expositions d'aphorismes ou de lectures, le public réagit par des sourires, de l'intérêt et mieux encore en manifestant de l'étonnement et de la curiosité. Ce temps durant lequel les mots tournent dans l'esprit pour décoder le message ou comprendre l'astuce de langage est savoureux à vivre et à observer. Si le public en redemande, c'est que l'on est sur la bonne voie.

Enfin, précisons que si précaution fut prise d'entrée de jeu d'annoncer que cet ouvrage ne pouvait prétendre représenter un cadastre exhaustif de tous les auteurs belges s'étant exercés à l'écriture d'aphorismes, c'est parce que le domaine est vaste et les modes de diffusion nombreux. L'auteur s'est évertué à ratisser largement mais sans doute le lecteur s'étonnera-t-il de constater l'absence de certains producteurs de formules brèves qui auraient pu (ou dû) apparaître dans ce panorama.

Sachez qu'il est possible que certains noms aient pu échapper à la vigilance du maître d'œuvre de l'ouvrage, mais qu'il y en a aussi qui sont restés muets à ses sollicitations.

Dans la perspective d'une réédition revue et complétée de ce livre, que les oubliés n'hésitent pas à se faire connaître auprès de l'éditeur.

Jean-Philippe Querton

58 Prose-élitisme ?

Bibliographie

Anthologie du surréalisme belge, Paul Aron et Jean-Pierre Bertrand, Bruxelles, Éditions Labor, (Collection Espace Nord), 2015

Poètes français du Luxembourg belge de 1930 à nos jours, Roger Brucher, Arlon-Bruxelles, Éditions de l'Académie Luxembourgeoise, 1978

Le surréalisme en Belgique, 1924-2000, Xavier Canonne, Bruxelles, Fonds Mercator (2006) et Actes Sud, 2007

Œuvres complètes, Achille Chavée, La Louvière, Les Amis d'Achille Chavée, (6 tomes), 1977-1994

Le Daily-Bul, 40 balais et quelques, Entretiens d'André Balthazar et Jean-Pierre Verheggen, La Louvière, Le Daily-Bul, 1998

Ici on parle flamand et français, Francis Dannemark, Bordeaux, La Castor Astral, 2005

La poésie française de Belgique, Werner Lambersy, Paris, Le Cherche-Midi, 2012

L'activité surréaliste en Belgique (1924-1950), Marcel Mariën, Bruxelles, Le Fil Rouge / Lebecr Hossmann, 1979

La nouvelle poésie française de Belgique, Yves Namur, Châtelineau, Le Taillis Pré, 2009

Au palais des images, les spectres sont rois (Écrits Anthumes 1922-1967), Paul Nougé (œuvre complète), Paris, Allia, 2017

Balises pour l'histoire des Lettres belges de langue française, Marc Quaghebeur, Bruxelles, Labor (Collection Espace Nord), 1998

Un pays d'irréguliers, Marc Quaghebeur, Jean-Pierre Verheggen, Véronique Jago-Antoine, Bruxelles, Labor, (Archives du Futur), 1990

Louis Scutenaire, Raoul Vaneigem, Paris, Seghers, Poètes d'aujourd'hui, 1991

Ouvrages collectifs

Anthologie 85, Bruxelles, Association des Écrivains belges de langue française, 1985

Catalogue Espace-Nord 2000, Bruxelles, Labor 2000

50 ans d'Unimuse, Tournai, Éditions Unimuse, 1999

La poésie habite au 21, Amougies, Cactus Inébranlable éditions, 2015

40 écrivains du Brabant wallon par eux-mêmes, 1995-2005, Wavre, Éditions Mols, 2005

Aphourismes à lier (petite anthologie avant la fin du millénaire), Jean-Louis Massot, Pont-à-Celles, éditions Tirtonplan, 1995

Les rivières meurent dans leur lit, concours d'aphorismes organisé par la Province de Hainaut, Direction générale des Affaires culturelles, 1999

Revues

El batia moûrt soû (Serge Poliart), 78 numéros, (1995-), Mons

Daily-Bul, (André Balthazar et Pol Bury), 14 numéros, (1957-1983), La Louvière

Les Lèvres Nues, (Marcel Mariën), 12 numéros, (1954-1958), réédité par Allia en 1995

Phantomas, (Théodore Koenig, Joseph Noiret, Marcel Havrenne), 63 numéros, (1953-1980), Bruxelles

Le Spantole, (Roger Foulon), 388 numéros, Thuin

Index des auteurs cités

Remerciements

Merci à…

Mes estimés anciens collègues du Réseau louviérois de Lecture publique, le centre d'archives Daily-Bul & C°, l'Institut Jules Destrée et Paul Delforge en particulier, la Maison Losseau à Mons (Centre de Littérature Hainuyère).

Merci aussi à Christine Béchet, Joaquim Cauqueraumont, Éric Dejaeger, Pierre-Jean Foulon, Thierry Haumont, Jacques Lanotte, Jean-Louis Massot, Serge Poliart, Jean-Philippe Querton, Philippe Schoepen et André Stas qui m'ont apporté une aide précieuse pour l'écriture et la réalisation de cet ouvrage.

Table des matières

Fondée en 2011 par Styvie Bourgeois et Jean-Philippe Querton, Cactus Inébranlable est une maison d'édition wallonne, indépendante, autonome, impertinente et alternative.

Catalogue

LesP'tits Cactus

Des capiteuses pensées, Jean-Philippe Querton, 2011
Les pAnsées (Tome 1) Le ridicule ne tuba, Jean-Philippe Goossens, 2013
Les pAnsées (Tome B) Duo de la fadaise, Jean-Philippe Goossens, 2014
Vos gueules les muettes !, Massimo Bortolini, 2013
Comment abandonner convenablement son chien durant les vacances, Dr Lichic, 2013
Le pas sage à l'acte, André Stas, 2014
L'Ouvroir des Brèves de Comptoir Potentielles, Collectif Oubrecpo, 2014
Sans me soucier de descendre du singe,
Georges Elliautou, 2014
Grand cru bien côté, Éric Dejaeger, 2014
Squelettes au haras, Jean-Philippe Querton, 2014
Ces palabres qui cachent l'aphorisme, Paul Guiot, 2014
Demain, on phrase gratis, André Stas, 2015
Coup du matin, coup du lapin, Massimo Bortoloni, 2015
Idées Noires (sur fond sombre), Dominique Saint-Dizier, 2015
Pensées nyctalopes, Jean-Loup Nollomont,, 2015
Les texticules du Diable, Jean-Luc Dalcq, 2015
La rechute d'Icare, Michel Delhalle, 2015
Sans envie de rien, Jean-Louis Massot, 2015
Chimères bleues, Jean-Philippe Querton, 2015
Courts, toujours !, Éric Dejaeger, 2015
Le fruit des fendus, Patrick Boutin, 2016
Divers faits, Jacques Sternberg, 2016
Des lettres de la Voie Lactée, Alain Helissen, 2016
Indocile Heureux, Dominique Saint-Dizier, 2016
Double sens unique / Unique double sens, David Greuse / Freddy Tougaux, 2016
L'esprit fera peur, Mickomix, 2016
Les Hamsters de l'agacement, Francesco Pittau, 2016
L'ampleur des astres, Thierry Roquet, 2016
(L')armes à feu et à sang, Jacky Legge, 2016
Blasphèmes à tout vent, Marc Tilman, 2016
Qui mène me suive, # 32mirli, 2017
Les concombres n'ont jamais lu Nietzsche, # 33 Serge Basso de March, 2017
Minute d'insolence, # 34 Jean-Philippe Querton, 2017
Anecdoctes, # 35, Dr Lichic, 2017

Pourquoi je ne vote pas et autres inédits, # 36, Raoul Vaneigem, 2017
Les écrivains nuisent gravement à la littérature, # 37, Éric Allard, 2017
Conversations avec un pénis, #38, Styvie Bourgeois & Emelyne Duval, 2017
C'est meilleur que n'importe quoi, # 39, Sammy Sapin, 2018
La mort à petites bouchées, jane agou, # 40, 2018
Les Pets de Damoclès, André Stas, # 41, 2018
Pensées b'anales et idées courbes, Dominique Saint-Dizier, #42, 2018
Les coureurs avaient de ses bouilles, Éric Dejager, #43, 2018
Les pAnsées, tome3, la flûte en chantier, Jean-Philippe Goossens, #44, 2018
Journal d'un mégalo, Jean-Jacques Nuel, #45, 2018
Totems et tribus, Ben Parva, #46, 2018
Nid'yeux Nichons, Jean-Luc Dalcq, # 47, 2018
Cécité interdite, Jean-Loup Nollomont, # 48, 2018
Tout est provisoire même ce titre, Mix ô ma prose, # 49, 2019
Derrière l'envers du décor, Joaquim Cauqueraumont, # 50, 2019
HAPAX – 2000 L'odysée de l'extase, mirli, # 51, 2019
L'horizon se fait attendre, Paul Lambda, # 52, 2019

Collection popoésie

Théorie et pratique du haïku raté, Roger Lahu & Hozan Kébo, 2018

Collection Pamphlet

La dernière convocation, Christine Van Acker, 2017

Recueils de nouvelles

Assortiments de crudités, collectif, recueil de nouvelles érotiques, 2013
Un dernier ver ? Michel Thauvoye, 2016
Le petit Jésus et la vie sexuelle des poètes, Éric Dejaeger, 2016
Ma voisine a hurlé toute la nuit, Anne-Michèle Ha messe, 2016
Contes espagnols, Lorenzo Cecchi, 2016
T'as des nouvelles de JPé ?, Jean-Philippe Querton, 2016
Outrages de dames, Isabelle Simon, 2017
Blues Social Club, Lorenzo Cecchi, 2017

Collection Cactus Noir

La saga Maigros, Éric Dejaeger, 2011
Maigros se marie, Éric Dejaeger, 2018
L'homme à la Chimay bleue, Jean-Philippe Querton, 2012
Mallaurig, Gauthier Hiernaux, 2012
Dis, petite salope, raconte-moi tout…, Olivier Bailly, 2012
Galop décès, John F.Ellyton, 2012
Les Perdants, Jean-Philippe Querton, 2013
L'important, c'est la sauce, Michel Thauvoye, 2013
Un privé à bas bilan, Éric Dejaeger, 2013
Fume, c'est du belge, John F. Ellyton, 2014
La Fraternité des Atomes, Gauthier Hiernaux, 2014

Collection Cactus remarquables

L'Albert Audoulin ou du parallélisme des voies ferrées, Jean-Marie Vermande L'Herm, 2014
La sortie est au fond du couloir, Jacques Sternberg, roman inédit, 2014

Les autres

La méthadone m'a tué, Giovanna Piras & Jean-Philippe Querton, 2013
Mijn vader is groot ou Comment je suis devenu un con qui ne parle pas le néerlandais, Dominique Watrin, 2011
Grand, biesse et méchant, Dominique Watrin, 2012
Un cactus dans le waterzooï, Jérôme de Warzée, illustré par Kanar, 2012
Calmez-vous ! (Livre-CD), Jean-Michel de Beyne-Heusay, 2013
On n'est pas pressés, Sic et Pad'R (Préface de Jean Luc Fonck), 2013
Et que l'ongle soit réincarné !, John P. Barrywell, Traduction : Jean-Paul Verstraeten, 2015
La poésie habite au 21, collectif Unimuse, 2015
Déséquilibres ordinaires, Françoise Steurs, 2017, Prix Mons Livre 2017.

Tous ces titres sont disponibles chez les libraires ou sur simple commande adressée à cactus.inebranlable@gmail.com

En France, les ouvrages de Cactus Inébranlable éditions sont distribués par La Librairie Wallonie-Bruxelles librairie.wb@orange.fr